# Terra Data

Coéditée par les Éditions Le Pommier et Universcience éditions, la collection « Le collège » s'inspire principalement du programme des conférences organisées par le Collège d'Universcience sur ses deux sites: la Cité des sciences et de l'industrie et le Palais de la découverte.
Dans le même esprit, celui de construire les outils d'une culture scientifique partagée et de nourrir le dialogue science/société, les textes, simples et originaux, sont élaborés spécialement pour la collection par les meilleurs spécialistes d'aujourd'hui.

Couverture: Robaglia Design (image: iStockphotos.com)
Mise en pages : Henri-François Serres Cousiné
Relecture : Maud Bruguière


ISBN : 978-2-7465-1241-2
170 bis, boulevard du Montparnasse, 75014 Paris
www.editions-lepommier.fr
www.universcience.fr/college

SERGE ABITEBOUL
VALÉRIE PEUGEOT

# Terra Data

## Qu'allons-nous faire des données numériques ?

Éditions
Le Pommier
cité des sciences & de l'industrie

Merci à Jérémie Abiteboul, Thomas Beauvisage,
Sophie Gamerman, Florence Hachez-Leroy,
Daniel Kaplan, Hervé Le Crosnier,
Michel Puech, Sophie Vulliet-Tavernier,
pour leurs relectures avisées.

Merci aux membres du Conseil National
du Numérique 2.0 pour des discussions souvent
passionnées sur les sujets qui ont nourri ce livre.

# Sommaire

En guise d'introduction,
pour une balade en Terra Data ........ 9

*Chapitre 1*
Les données à l'heure du numérique ........ 11

*Chapitre 2*
Traiter les données ........ 33

*Chapitre 3*
Analyser les données ........ 57

*Chapitre 4*
Des scénarios à écrire ........ 79

*Chapitre 5*
Les sciences questionnées,
les sciences renouvelées ........ 101

*Chapitre 6*
Au service de la santé ........ 129

*Chapitre 7*
Au cœur de l'économie numérique ........ 167

*Chapitre 8*
La démocratie étendue,
la démocratie fragilisée 197

*Chapitre 9*
Surveillance de masse 223

*Chapitre 10*
Pour une analyse responsable 235

*Chapitre 11*
Réglementer les usages
des données personnelles 257

*Chapitre 12*
À la recherche de solutions techniques 275

*Chapitre 13*
La reconquête des données personnelles 291

*Chapitre 14*
Data et écologie : les sœurs ennemies 305

*Chapitre 15*
Notre mémoire fout-elle le camp ? 317

Ouverture : à l'école des données 333

Bibliographie 335

# En guise d'introduction, pour une balade en Terra Data

Depuis les tablettes sumériennes, les données nous ont accompagnés. Elles nous ont aidés à développer le commerce, à construire des empires, à transmettre un héritage. Aujourd'hui, numérisées et massivement collectées, elles occupent une place plus grande encore. Récoltées, interrogées, transformées, échangées, analysées et commercialisées, les données révolutionnent notre univers, nous transforment aussi. Elles nous parlent de notre corps, pilotent nos achats et nos vies sociales, dématérialisent les organisations, exposent nos vies privées, alimentent l'économie, boostent la recherche…

Données numériques, données massives, données ouvertes, données personnelles, données médicales, données chiffrées, données d'identification… Le monde se numérise et où que nous nous tournions, les données numériques sont présentes, obsédantes. Elles participent de la construction d'une *Terra Data,* une terre de données immense, aux contours mal définis, une terre à explorer.

Les données numériques nous aident dans notre vie quotidienne tout comme elles contribuent à un harcèlement publicitaire, font de nous des citoyens actifs en puissance, mais limitent nos choix de consommateurs, facilitent nos apprentissages, et érodent nos libertés. C'est une évidence, ces données qui s'accumulent chaque jour plus encore ne sont ni angéliques, ni diaboliques.

Nous vous proposons une balade en *Terra Data*. Nous explorerons ensemble les rivages du monde des données. La *Terra Data* est notre création. Elle deviendra ce que nous choisirons d'en faire, individuellement et collectivement.

# 1. Les données à l'heure du numérique

Certains indices semblent indiquer que nos ancêtres du néolithique utilisaient déjà des représentations de données. Mais c'est avec l'invention de l'écriture, en Mésopotamie, à la fin du IVe millénaire avant J.-C., que les premières traces irréfutables existent.

## Avant le numériquc

Imaginons un scribe de ce passé lointain, installé dans un comptoir d'une des métropoles mésopotamiennes, Nagar ou Babylone. Il doit formuler son rapport annuel, constater que le bétail a augmenté, qu'en revanche la production de céréales a été décevante du fait de la sécheresse. Le scribe compare les rendements des champs et des cheptels avec les prévisions qu'il a effectuées l'année précédente. Il rédige son rapport sur une tablette d'argile, en utilisant certains signes pour représenter les nombres, d'autres pour signifier les différents animaux et céréales. De fait, son activité est très semblable à celle de sa consœur du XX^e^ siècle, peut-être directrice financière d'un grand groupe céréalier ou d'un ministère, qui compile sur un tableur Excel les résultats de l'exercice annuel.

L'invention de l'écriture et la représentation des données se sont imposées comme une nécessité il y a des milliers d'années en Mésopotamie. Pourquoi ? Des inventions techniques, notamment la roue, des modifications démographiques, avec l'apparition de concentrations humaines donnant naissance à des cités, la mise en place de structures hiérarchiques concentrant le pouvoir, conjuguées à un important essor économique et son lot de transactions, expliquent le besoin de consigner l'information. Pour s'auto-organiser, pour commercer, pour décider, il fallait autre chose que des poignées de main, des accords tacites, et des « il a dit… ». Peu à peu, des signes ont été inscrits pour se souvenir, pour expliquer, pour transmettre, inventant le premier stade de l'externalisation de la mémoire et de la parole sur un support. Bien plus tard, au XVe siècle, l'imprimerie suivrait, puis, au XXe, la numérisation et les ordinateurs.

Si la nécessité d'enregistrer des données n'est sans doute pas la seule cause de l'invention de l'écriture et de son utilisation, les tablettes mésopotamiennes montrent qu'elle a joué un rôle essentiel : les premiers écrits retrouvés comportaient principalement des données.

La comptabilité a été l'une des premières *success story* de l'écriture ; les premières tablettes comprenaient souvent des listes de comptes. Il y en eut d'autres. Très tôt, en Chine, des données écrites consignèrent le recensement de la population. Tout se faisait alors à la main. Il faudra attendre la fin du XIXe siècle pour que Herman Hollerith, s'inspirant du métier à tisser de Jacquard, invente une machine pour mécaniser le recensement. Il va créer ensuite une société qui deviendra, en 1917, International Business Machines Corporation, IBM, et qui sera le berceau de la technologie des systèmes de gestion de bases de données.

Des données furent également collectées en astronomie, et ce quasiment depuis les débuts de l'écriture. Les savants mésopotamiens accumulèrent sur leurs tablettes des quantités considérables d'observations sur la Lune, sur le Soleil, et développèrent des mathématiques sophistiquées pour prévoir les positions futures des corps célestes. Aujourd'hui, les astronomes stockent et analysent des quantités fantastiques de données pour, par exemple, reconnaître la forme des galaxies. Ils génèrent aussi des données considérables en simulant la vie des astres pour expliquer leur naissance et leur évolution.

De façon générale, les données deviennent indispensables quand les organisations humaines dépassent une certaine taille, une certaine complexité. Elles s'imposent notamment dans les sciences quand les phénomènes deviennent trop complexes pour être appréhendés par des cerveaux humains sans l'appui d'ordinateurs.

## Aujourd'hui, la déferlante

Où trouve-t-on des données numérisées ? Dans un premier temps, elles étaient concentrées dans des ordinateurs professionnels. Avec l'arrivée des ordinateurs personnels, elles se sont retrouvées dans nos maisons. Et puis, avec internet et le web, elles ont migré, nous verrons comment, dans les « nuages ». Des objets, comme les téléphones portables ou les radio-étiquettes (RFID en anglais), ont parachevé l'extension du recueil et de l'usage des données numériques sur toute la planète.

Nos objets sont de plus en plus connectés ; on parle de « l'internet des objets ». On prévoit qu'il y aura autour de 50 milliards d'objets connectés en 2020. Ces objets stockeront des données, les échangeront.

Les données numériques parlent de tout, de notre monde, de notre société, de commerce, de santé, de politique, de religion. Les données « personnelles » tiennent une place considérable dans cet espace. Ce sont les données de toutes sortes qui nous concernent. Elles sont produites par nous, par nos amis, par des capteurs, par des algorithmes. Ensemble, elles finissent par construire notre « trace numérique ».

Toutes les données ne circulent pas de la même manière. Certaines ont vocation à rester accessibles uniquement à leurs producteurs, par exemple la liste du personnel des renseignements généraux. D'autres peuvent être rendues visibles dans l'espace public, exposées, sans pour autant que des tiers puissent s'en resservir ; ainsi des informations personnelles publiées sur un média social. Enfin des données peuvent être non seulement publiques, mais aussi réutilisables par tout un chacun, comme les données publiées par l'État ou les municipalités sur le site data.gouv.fr. On parle alors de données ouvertes, qui contribuent aux biens communs de la connaissance.

## Des données analogiques aux données numériques

De tout temps, on a cherché à mesurer les phénomènes physiques. Avant même l'invention de l'écriture, on mesurait la longueur d'un champ en nombre de pas, et la durée en nombre de lunes. Avec le temps, les mesures se sont faites plus précises. Par exemple, pour mesurer les températures, on a utilisé un phénomène physique, la dilatation des liquides. On mesure ainsi la température par *analogie* avec un autre phénomène physique directement mesurable. C'est pourquoi on parle de données « analogiques ».

Ces données, il est devenu nécessaire de les stocker pour les conserver. Considérons les sons. Le son est une onde qui se propage entre autres dans l'air. Il correspond à une variation de pression qu'un microphone va transformer en un signal électrique. Le signal électrique que le microphone a produit peut être stocké sur un disque microsillon, le vinyle. C'est un exemple de stockage de données analogiques. La photo argentique pour l'image, la pellicule photographique pour le film en sont d'autres.

Pour représenter une image ou un son, les données numériques proposent une alternative aux données analogiques. Nous verrons que, du point de vue des traitements, cette alternative présente des avantages considérables qui expliquent que pour le stockage, par exemple, les vinyles, analogiques, ont été remplacés par les CD, numériques (même si certains regretteront que cela se soit accompagné d'une perte de subtilité musicale).

La donnée numérique élémentaire est un « bit », c'est-à-dire une variable qui peut prendre la valeur 0 ou 1. Le mot « bit » est une contraction de *binary digit*, en anglais, qui veut dire « chiffre binaire ». Ce mot indique aussi en anglais une « petite quantité ».

La représentation d'une écluse peut, par exemple, se faire sous forme de bit. Quand l'eau est au niveau de la retenue amont, qu'on appelle le bief amont, disons que l'écluse représente un « 1 », et que, quand elle est au niveau du bief aval, c'est un « 0 ». Un changement de l'état « 0 » à l'état « 1 », pour faire passer un bateau du bief amont au bief aval, prend un certain temps. Une écluse fonctionne selon un phénomène physique complexe. Nous pouvons voir ce phénomène de manière abstraite comme un « bit hydraulique ». Cette abstraction nous fait passer du mode analogique au mode numérique.

figure 1

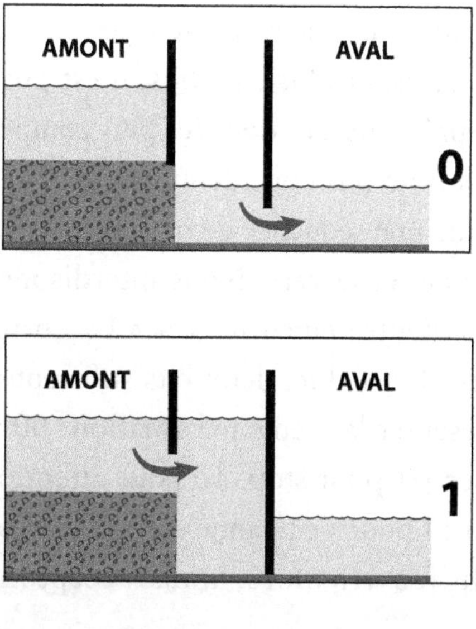

Nous pouvons aussi représenter un enchaînement de bits en utilisant les états successifs d'un engrenage. Le plus ancien mécanisme connu doté d'engrenages est celui d'Anticythère, découvert dans l'épave d'une galère romaine datant des environs de 80 av. J.-C. Une telle mécanique peut représenter plusieurs bits. Son changement d'état est beaucoup plus rapide que celui du bit hydraulique. Les mécaniciens vont faire d'énormes progrès jusqu'à construire, à partir du Moyen Âge, des horloges capables de stocker de plus en plus de bits – donc de données – dans leurs engrenages.

En utilisant plusieurs bits, il est possible de représenter des données plus complexes. Nous pouvons considérer un feu tricolore comme une séquence de trois bits, le rouge, le jaune, et le vert. Nous interdisons que deux d'entre eux soient à « 1 » en même temps. En réalité, deux bits suffisent pour représenter la même information : 00 pour passer, 01 pour stop, 10 pour attention, et enfin 11 pour « en panne ». Pour représenter ici le feu tricolore, nous acceptons de perdre un bit pour faciliter la lisibilité du phénomène. Essayons maintenant de représenter la position d'un ascenseur dans un immeuble de 1 023 étages. Si nous imposons la contrainte du feu tricolore, c'est-à-dire que deux bits n'ont pas le droit d'être simultanément à « 1 », il nous faudra 1 023 bits. Si nous retirons cette contrainte, 10 bits suffisent. Le rez-de-chaussée est représenté par 0000000000, le premier par 00000001, le deuxième par 00000010..., le dernier par 1111111111. Avec 10 bits, nous avons représenté $2^{10} = 1\,024$ états (1 023 étages, auxquels on ajoute le rez-de-chaussée). C'est le principe des nombres binaires. Nous économisons 1 013 bits par rapport à la première notation numérique des feux tricolores (qui imposait que deux bits ne puissent prendre en même temps la valeur 1) !

Historiquement, l'« octet », c'est-à-dire une séquence de 8 bits, a été choisi relativement arbitrairement comme mesure élémentaire du volume de données. Un octet permet de représenter 256 données. Cela suffit pour représenter les caractères de l'alphabet latin, plus les accentuations utilisées en Europe de l'Ouest, et des caractères spéciaux comme le point ou la virgule. Ainsi, nous pouvons, par exemple, représenter un chapitre de ce livre comme une séquence de quelques dizaines de milliers d'octets.

Plus généralement, des nombres ou des textes sont des données symboliques que nous pouvons représenter par des séquences d'octets. Mais nous pouvons aussi représenter des données analogiques comme des images, des sons, des vidéos, par des séquences d'octets. Prenons le cas d'une image. Notre appareil photo numérique transforme l'image réelle qui arrive dans la lentille en une séquence de bits. Plus précisément, l'image est considérée comme un tableau de petits carrés, des « pixels ». Chacun de ces petits carrés est « approximé » par un petit carré monocolore, de la couleur « moyenne » du carré originel. Supposons que nous prenions un tableau de 2 000 × 2 000 points (4 millions de pixels), et que nous utilisions une palette de 16 millions de couleurs. L'image est représentée par 4 millions de nombres compris entre 1 et 16 millions. Ça fait beaucoup de bits, mais cela reste une séquence de bits. En fait, notre œil n'est même plus capable de distinguer entre l'image réelle – sa représentation analogique – et le tableau de ces petits carrés monocolores – représentable parfaitement de façon numérique. Si une image est « pixélisée » (c'est-à-dire si des carrés de couleur uniforme sont visibles), c'est simplement que les carrés sont choisis trop gros, ou que la palette de couleurs est trop restreinte.

Au cours des vingt-cinq dernières années, la photographie numérique s'est rapidement substituée à la photographie analogique et le traitement numérique des images a remplacé les traitements que l'on réalisait avec des lentilles ou des filtres complexes. Des algorithmes ont été inventés pour modifier les images numériques, simulant des filtres dont on n'aurait même pas rêvé du temps où les images n'étaient qu'analogiques.

Ce qui est vrai pour les signaux lumineux comme les images l'est également pour d'autres signaux analogiques comme les signaux sonores, les températures, les signaux électriques, etc.

## Stocker les données numériques

Avant de parler de traitements plus complexes des données, parlons de stockage. Les ordinateurs, de nos jours, ont deux composants principaux, un processeur qui calcule et une mémoire qui stocke des données. On parle d'« architecture de von Neumann », du nom d'un des premiers informaticiens à avoir défini cette organisation matérielle. On peut accéder à chaque donnée élémentaire de la mémoire indépendamment des autres ; c'est ce qu'on appelle une « mémoire à accès aléatoire », *Random Access Memory*, ou RAM.

Les échanges de données entre la RAM et le processeur sont extrêmement rapides, ce qui rend nos ordinateurs efficaces. En revanche, la RAM coûte relativement cher.

Et surtout, les données qu'elle contient sont « volatiles ». En cas d'arrêt volontaire de l'ordinateur ou en cas de panne, les données de la RAM sont perdues.

C'est pourquoi d'autres supports de données plus pérennes sont utilisés. On parle de stockage de masse : le disque optique (qui inclut les CD et les DVD), le disque magnétique, la bande magnétique, le disque dur externe, les mémoires flash, pour ne citer que les plus répandus. Dans ces supports, c'est souvent la polarisation magnétique qui est utilisée pour représenter un bit. Si la polarisation est dans une direction, le bit vaut 0 ; dans l'autre, il vaut 1.

Le coût du stockage d'un octet sur de tels supports est bien moindre que sur de la RAM. Surtout, ces supports de données sont « persistants », ce qui permet aux données de « durer » longtemps, même si nous les débranchons de l'ordinateur, si nous les gardons dans un tiroir ou au fond d'une armoire. Pour autant cette conservation n'est pas indéfinie. Au bout d'un certain temps, qui dépend du support, les données se dégradent.

À titre indicatif, la RAM d'un ordinateur personnel aujourd'hui se mesure typiquement en gigaoctets (un milliard d'octets) et son disque de données persistantes en centaines de gigas, voire en téraoctets (mille milliards d'octets). Ces valeurs sont en augmentation permanente, car les technologies ne cessent de se complexifier ; les prix baissent, les vitesses d'accès ou de transfert croissent, et les volumes augmentent.

| | Symbole | Valeur |
|---|---|---|
| Kilooctet | Ko | $10^3$ |
| Mégaoctet | Mo | $10^6$ |
| Gigaoctet | Go | $10^9$ |
| Téraoctet | To | $10^{12}$ |
| Pétaoctet | Po | $10^{15}$ |
| Exaoctet | Eo | $10^{18}$ |
| Zettaoctet | Zo | $10^{21}$ |

Prenons quelques exemples. Ce livre est constitué de quelques centaines de milliers de caractères, c'est-à-dire quelques centaines de kilooctets. Une dizaine de *Nocturnes* de Chopin sur un téléphone mobile occupent 75 mégaoctets. Une vidéo de vacances et ses quelques gigaoctets nous conduisent aux frontières du gigantisme. Tous les livres jamais écrits ne demandent que quelques centaines de téraoctets en texte brut (sans image). Mais la quantité de données produites par le collisionneur de particules du CERN en une minute est de l'ordre d'une centaine de pétaoctets. Pour représenter toutes les phrases jamais prononcées, il faudrait quelques exaoctets. Enfin, le zettaoctet, c'est l'ordre de grandeur du trafic annuel sur internet de nos jours, et c'est aussi l'ordre de celui du stockage disponible, en comptant tous les disques, bandes magnétiques, CD, DVD du monde entier soit 1 000 000 000 000 000 000 000 octets ! Le vertige des puissances de 10 !

La quantité de données numériques produites grandit sans cesse. Certains avancent qu'elle double tous les dix-huit mois.

En alignant les bits, nous stockons des informations pour les retrouver à la demande, telle une extension quasi illimitée de notre mémoire personnelle.

## Des données à l'information, de l'information aux connaissances

Des logiciels, les systèmes de gestion de bases de données, permettent de gérer des données, par exemple, les clients d'une entreprise ou les pièces détachées du stock d'une usine. Aujourd'hui, c'est essentiellement sur le web que l'utilisateur cherche de l'information, le plus souvent en anglais ou en chinois, mais également dans d'autres langues. Par exemple, en septembre 2016, Wikipédia proposait plus de 5 millions d'articles en anglais. Le français arrivait en sixième position avec près de 2 millions d'articles. Les informations multimédias sont aussi massivement présentes sur le web. Les photos arrivent sur Facebook au rythme de près de 100 milliards par an ; un moteur de recherche comme celui de Google propose un index sur des milliards de documents, et permet à l'internaute d'utiliser le web comme s'il s'agissait d'une seule base de données gigantesque.

Les systèmes d'information du web, comme les systèmes de gestion de données centralisées, sont des médiateurs entre des individus intelligents peu soucieux de s'embarrasser de détails de programmation, et des objets physiques, comme les disques ou les clés USB. Les systèmes qui nous informent sont sans cesse plus sophistiqués ; ils deviennent capables de comprendre plus finement nos questions et de nous fournir en retour des « connaissances ».

Entre les trois concepts que sont les données, l'information et les connaissances, les frontières sont floues. Essayons de nous y retrouver quand même à travers un exemple.

Des mesures de température relevées chaque jour dans une station météo, ce sont des données. Une courbe donnant l'évolution dans le temps de la température moyenne dans un lieu, c'est une information. Le fait que la température sur Terre augmente en fonction de l'activité humaine, c'est une connaissance. Ces trois notions sont très proches les unes des autres. Grossièrement, voici le sens que nous leur donnons :

Une donnée est une description élémentaire d'une réalité. C'est par exemple une observation ou une mesure.

L'organisation et la structuration des données collectées permettent de dégager du sens, d'obtenir de l'information.

En comprenant le sens de l'information, nous aboutissons à des connaissances, c'est-à-dire à des « faits » considérés comme vrais dans l'univers d'un locuteur, ainsi qu'à des « lois » (des règles logiques) propres à cet univers.

Les outils dont nous disposons ne cessent de progresser pour raccourcir le chemin entre données et connaissances. Prenons les moteurs de recherche du web. Il y a encore quelque temps, quand vous leur posiez la question : « quelle est la capitale de la France ? », ils vous proposaient en guise de réponse d'aller lire les pages incluant les mots « capitale » et « France ». Ces pages contenaient probablement la réponse à votre question, ce qui est déjà génial compte tenu de la taille du web. Mais aujourd'hui, le moteur de recherche Qwant répond : « La capitale de la France est actuellement Paris. » Le système a compris le sens de la question et y a répondu non plus avec des textes à lire, mais avec une connaissance, précisant même la temporalité de la réponse.

# 2. Traiter les données

*Je ne connais pas d'être vivant, de cellule, tissu, organe, individu et peut-être même espèce, dont on ne puisse pas dire qu'il stocke de l'information, qu'il traite de l'information, qu'il émet et qu'il reçoit de l'information.*

Michel Serres

Une fois les données numérisées, il devient possible de les transformer avec des logiciels. Au cœur de ces logiciels, nous trouvons des algorithmes, c'est-à-dire des procédés qui permettent de résoudre des problèmes tels que : « où trouver l'adresse de monsieur Tout-le-monde ? » et « comment transporter ces données de Paris à Tamanrasset ? ». Juste après avoir inventé l'écriture pour représenter les données, peut-être en même temps, les humains ont inventé des algorithmes pour les transformer, par exemple pour évaluer la surface d'un champ. *Homo sapiens* mettra ensuite quelques millénaires pour construire des ordinateurs capables de faire fonctionner ces algorithmes pour lui, et quelques dizaines d'années supplémentaires pour concevoir des algorithmes de plus en plus complexes, ceux que nous utilisons aujourd'hui.

La transformation de données est l'essence même de l'informatique. Si, en anglais, *computer* insiste sur la faculté de calcul, et « ordinateur », en français, sur le séquencement des opérations, le mot « informatique », qui tend à s'angliciser en *informatics*, insiste plus justement sur l'information manipulée par ces machines, tout comme son équivalent danois *datalogi*.

## Conserver et interroger

Depuis les tout débuts de l'informatique, un moyen standard de garder des données consiste à les stocker dans un fichier (informatique). Un tel fichier consiste en une séquence de bits stockée sur le disque de l'ordinateur. Pour pouvoir retrouver ce fichier, on lui donne un nom à l'intérieur d'un « système de fichier », par exemple,

/Users/toulemonde/TerraData/traitement-de-données.odt (pour Unix),

C:\Documents\TerraData\traitement-de-données.docx (pour MS Windows).

Les opérations de base sur un fichier sont : lire, modifier, enregistrer.

Notre ordinateur personnel comme notre téléphone stockent leurs données dans des systèmes de fichiers. Le web n'est lui-même qu'un système de fichiers à l'échelle de la planète. Quelle que soit la taille du système de fichiers (ordinateur, téléphone, web), il est nécessaire de construire un « index » pour pouvoir retrouver une information sans avoir à lire l'intégralité des fichiers. L'index d'un livre vous propose, pour un terme donné, les pages qui contiennent ce terme. Dans cet esprit, de nombreux ordinateurs offrent une fonctionnalité qui s'appuie sur un index : pour un terme donné, l'ordinateur vous présente les fichiers qui contiennent ce terme. De même, un moteur de recherche du web, pour un terme ou plusieurs, utilise un index pour vous retourner des fichiers du web qui contiennent ces termes.

Les pages d'un livre, comme celles du web, contiennent le plus souvent du texte, sans trop de structuration. Nous utilisons souvent des données beaucoup plus structurées, comme des tables à deux dimensions. Par exemple, nous pouvons organiser des informations sur des films dans deux tables, *Film* et *Séance*, de la manière suivante :

***Film***

| Titre | Réalisateur | Acteur |
|---|---|---|
| *Casablanca* | M. Curtiz | Humphrey Bogart |
| *Casablanca* | M. Curtiz | Peter Lorre |
| *Les 400 coups* | F. Truffaut | Jean-Pierre Léaud |
| *Star Wars* | G. Lucas | Harrison Ford |

**Séance**

| Titre | Salle | Heure |
|---|---|---|
| *Casablanca* | Lucernaire | 19 :00 |
| *Casablanca* | Studio | 20 :00 |
| *Star Wars* | Sel | 20 :30 |
| *Star Wars* | Sel | 22 :15 |

Des systèmes spécialisés pour gérer de grandes quantités de données structurées ont aussi été développés, les « systèmes de gestion de bases de données », SGBD pour faire court. Les plus populaires sont les systèmes dits « relationnels », parmi lesquels nous trouvons des logiciels commerciaux très répandus, comme celui d'Oracle pour les professionnels, ou d'Access sur les ordinateurs personnels Windows, et des logiciels libres très utilisés comme MySQL ou PostgreSQL.

Le système relationnel nous permet d'aborder un aspect fondamental dans le traitement de données, l'aspect langagier. Pour représenter des informations, des concepts, et pour poser des questions, les humains utilisent leur langue naturelle ou parfois des langages plus spécialisés, comme le solfège des partitions musicales. Les ordinateurs comprennent des « codes machines » extrêmement précis et détaillés, pour ne pas dire verbeux, qui rebutent les humains. Un système de gestion de bases de données va tenir le rôle essentiel de médiateur entre les individus et les machines.

Pour mieux s'adapter aux individus, le système relationnel leur présente les données de façon plus intuitive à travers ces tables à deux dimensions, appelées des relations. Il leur propose le langage normalisé SQL pour exprimer des requêtes. Ce langage est inspiré par la « logique du premier ordre », un langage développé par des mathématiciens à la fin du XIX$^{e}$ siècle (bien avant l'invention de l'informatique et des bases de données) pour formaliser le langage des mathématiques. Ces exigences forment le point de départ du modèle relationnel proposé par Ted Codd, un chercheur d'IBM, dans les années 1970. Codd a eu l'idée géniale d'adapter cette logique pour définir un modèle de gestion de données, le modèle relationnel. Dans le modèle relationnel, nous pouvons, par exemple, interroger les tables *Film* et *Séance* avec la requête suivante en logique du premier ordre :

$\exists\, t, d$ ( *Film*($t$, $r$, « Humphrey Bogart ») $\wedge$ *Séance*($t$, $s$, $h$) )

C'est beaucoup plus lisible, dans le langage utilisé universellement, le standard SQL :

```
select salle, heure
from Film, Séance
where Film.titre = Séance.titre and
acteur = « Humphrey Bogart »
```

Le lecteur aura peut-être compris que cette requête nous permet d'obtenir des réponses à la question : « où et à quelle heure pouvons-nous voir un film avec Humphrey Bogart ? »

Quand Codd proposa cette approche, la réaction des ingénieurs qui géraient alors de grosses bases de données et de grandes applications fut unanime : « Trop lent ! Ça ne fonctionnera pas sur de grands volumes de données. » Le modèle relationnel est pourtant massivement utilisé aujourd'hui. Le catalogue d'une libraire, les rendez-vous d'un médecin, les pièces détachées d'un réparateur auto, notre liste de courses, etc., sont souvent organisés dans de telles tables. Pour arriver à cela, notamment pour de grandes bases de données, les informaticiens ont dû trouver des algorithmes plus performants, inventer des techniques très sophistiquées pour accélérer l'évaluation des réponses.

## Les transactions

Quand nous effectuons une recherche sur un site en ligne, nous nous contentons d'interroger le système. En revanche, quand nous passons une commande, nous réalisons une transaction avec ce système.

Une transaction commerciale consiste essentiellement en un échange d'informations, par exemple : tu me donnes le petit terrain près de la rivière et je te donne 100 drachmes, mes deux vaches et un cochon. Nous réalisons sans cesse des transactions, marchandes ou non-marchandes : acheter un billet de cinéma, embaucher un nouvel employé, tirer de l'argent à un distributeur, emprunter un livre à la bibliothèque, prendre un rendez-vous chez le coiffeur... L'informatique a modifié radicalement la manière dont nous les réalisons. Une transaction informatisée est la forme dématérialisée d'un contrat. Son coût est généralement incomparablement plus faible que celui d'une transaction réelle, qui met en jeu des transferts de propriétés d'objets physiques voire de personnes. Avec des fonctionnalités considérablement élargies par le recours à l'informatique, les transactions se retrouvent au cœur de nombreuses applications qui ont largement contribué à populariser les systèmes relationnels.

Une transaction dans un système relationnel garantit qu'une séquence d'opérations se réalise correctement et complètement, par exemple en empêchant que lors d'un transfert d'argent, une somme ne s'évanouisse dans la nature, avec un compte bancaire débité sans qu'un autre ne soit crédité. Les pannes ou interruptions sont prises en compte, et ne conduisent pas à une exécution incorrecte ou partielle.

Les systèmes de gestion de données et d'information ne servent pas qu'à l'évaluation de requêtes et à la gestion de transactions économiques. Ils gèrent par exemple les droits d'accès des utilisateurs à des contenus (pour contrôler qui a le droit de lire ou de modifier quoi), et l'archivage (pour pouvoir garantir la pérennité des données).

Surtout, ils ont la lourde responsabilité de protéger des données qui peuvent avoir une valeur considérable. Il serait inacceptable qu'un utilisateur perde toutes ses photos de vacances. De même, une entreprise n'aimerait pas voir disparaître son fichier client ou la liste des factures en attente de règlement. Le système doit donc se prémunir contre les pannes matérielles et logicielles. Nous savons tous que les systèmes informatiques, en raison de leur complexité, sont très vulnérables à de telles pannes, ce qui exige des efforts en fiabilité. Nous savons aussi qu'ils sont sensibles à des attaques mal intentionnées, ce qui appelle des efforts en sécurité.

## Transmettre

Les communications – commerciales, politiques, scientifiques ou amoureuses –

sont l'essence de la vie sociale. Avant même la naissance de l'informatique, la poste, le téléphone et la télévision proposaient plusieurs réseaux de communication. Le réseau informatique réalise la convergence entre eux trois : les messages comme les conversations audio ou les vidéos sont numérisés et passent par paquets de bits sur le même réseau. Finalement, une communication n'est jamais qu'un échange d'information et si cette information est numérique, la même infrastructure physique et le même « protocole » de communication, le protocole internet, peuvent servir en étant agnostiques à la nature des données qui s'échangent.

Pour transmettre, comme d'ailleurs pour conserver ou stocker une information, l'idéal consiste à ne rien en perdre. Pourtant, dans le cas des images, par exemple, il est possible de perdre de l'information sans trop perdre en qualité. Supposons que nous voulions présenter une image sur une page web, dans un cadre de trois centimètres de côté. Si l'image fait plusieurs millions de pixels, nous pouvons la comprimer de façon à ce qu'elle soit beaucoup plus « légère » sans que cela fasse de différence de perception pour une personne qui consulte la page. En revanche, la page se chargera beaucoup plus vite. Dans le cas d'une projection de vidéo, la compression peut même être indispensable pour que le débit ne dépasse pas la capacité disponible sur le réseau à un moment donné.

Une perte d'information sélective est parfois acceptable. Une séquence de bits peut être « comprimée » en une séquence plus petite, qui contient presque la même information, une information « suffisante ». Les algorithmes de compression sont spécifiques à la nature de l'information que l'on souhaite comprimer. Ils conduisent généralement à des formats particuliers ; les images sont souvent comprimées dans le format « jpeg », et les morceaux de musique en « mp3 ».

Le concept clé dans la compression de données est l'élimination d'une certaine redondance présente naturellement dans l'information. Pour la transmission de données, parfois, au lieu d'éliminer de la redondance, nous allons chercher à en introduire. À la place de la redondance naturelle, nous allons introduire une redondance artificielle « intelligente ». Pourquoi ?

Transmettre de l'information s'accompagne souvent d'erreurs, par exemple à cause d'interférences en mode wifi, ou du bruit sur la ligne. Pour remédier à ces erreurs qui conduisent à des pertes d'information, une solution naïve et coûteuse consiste à transmettre plusieurs fois l'information, par exemple trois fois. Puis, avec les trois versions, peut-être différentes, nous essayons de reconstruire le message original. Des solutions algorithmiques existent qui, à partir de redondances moins coûteuses, permettent de corriger les erreurs de transmissions à l'arrivée.

Les codes correcteurs sont utilisés dans la transmission, mais également dans le stockage, comme sur les CD audio pour pallier des rayures ou autres défauts du plexiglas. Ils garantissent que l'information pourra être reconstruite même si un certain nombre de bits ont été modifiés ou même détruits.

En résumé, pour transmettre de l'information numérique, nous éliminons la redondance naturelle, inutile du message. Puis nous introduisons une redondance artificielle contrôlée qui va nous permettre de corriger les erreurs de transmissions.

Quand nous transmettons cette information, nous voulons parfois en protéger son caractère confidentiel. Depuis toujours, des messages ont été chiffrés pour que seuls les destinataires puissent y avoir accès. Le code de César est un exemple historique très connu de tels chiffrements. Chaque lettre est remplacée par la lettre située dans l'alphabet à une distance choisie ; par exemple, si l'on choisit +5, A devient F, B devient G… et Z devient E.

Nous allons illustrer le principe du chiffrement avec un code plus sophistiqué que le code de César. Supposons qu'Alice et Bob décident de s'échanger des messages secrets. Ils se mettent d'accord sur une clé de chiffrement. La clé de chiffrement peut

figure 2

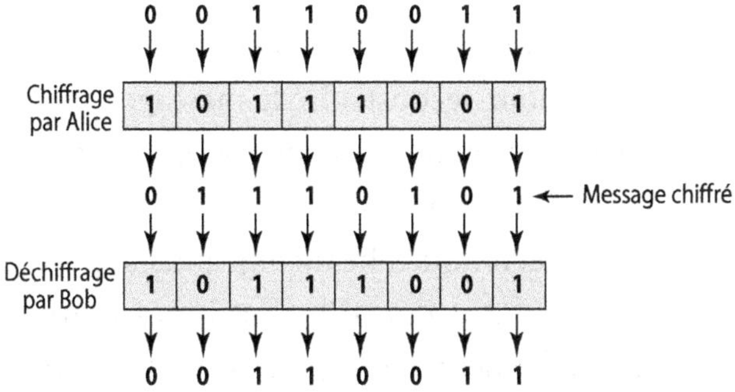


être arbitrairement longue. Pour notre illustration, nous allons supposer qu'ils se mettent d'accord sur une séquence de 8 bits qu'ils ont choisie au hasard, qui est leur « clé » secrète, disons « 10111001 ». On décide que le 1 de la clé signifie « identique » et le 0 « différent ». Supposons qu'Alice veuille envoyer le message « 00110011 ». Le premier bit de la clé, 1, lui indique de garder à l'identique le premier bit du message, donc « 0 ». Comme le second est 0, elle permute le second bit du message, et le « 0 » devient « 1 ». Suivant la même logique, elle conserve les trois bits suivants, « 110 », permute les deux suivants, « 01 » devient « 10 », et conserve le dernier « 1 ». Elle envoie donc le message « 01110101 ». Bob n'aura qu'à faire exactement la même chose pour reconstruire le message.

Depuis Shannon, on sait que cette méthode résiste aux attaques.

Des techniques beaucoup plus sophistiquées sont aujourd'hui utilisées comme le chiffrement RSA (pour Rivest, Shamir, Adleman, les trois informaticiens-mathématiciens l'ayant mis au point) basé sur la factorisation de nombres premiers. L'avantage avec RSA est qu'Alice et Bob n'ont pas à se mettre d'accord à l'avance sur un secret. Bob dispose de deux clés, une clé privée et une clé publique. Alice trouve la clé publique de Bob sur le web. Elle utilise un algorithme de chiffrement qui s'appuie sur cette clé publique. La clé privée est alors indispensable pour déchiffrer le message, et seul Bob la connaît. Cette méthode de déchiffrement est utilisée massivement chaque jour pour des communications sur internet et pour le commerce électronique.

## L'architecture des données

Entre les premiers systèmes de gestion des bases de données et ceux d'aujourd'hui, les différences sont nombreuses. D'une manière générale, l'« architecture » des systèmes qui nous permettent de gérer des données n'a cessé d'évoluer.

Considérons par exemple une application, appelons-la « Toque.com », qui propose un annuaire de restaurants à Paris. Au départ, l'application (le logiciel de Toque) et les données (les noms et adresses) sont sur le même ordinateur. L'architecture est alors « mono-machine ».

Au cours des années 1970-1980, ce dispositif a été abandonné au profit d'une architecture « client-serveur ». Les données passent sur une machine dédiée, un serveur de données. L'application qui les traite est sur une autre machine.

Cette architecture évolue à partir des années 1990 par l'ajout d'un autre niveau, l'architecture *3-tiers* : les interfaces avec les utilisateurs ne sont plus gérées par l'ordinateur où réside l'application mais sur des machines distinctes. Les raisons principales de cette complexité croissante tiennent essentiellement à l'augmentation des ressources nécessaires pour chaque composant. La quantité de données a grandi. Par exemple, les utilisateurs de Toque peuvent maintenant s'inscrire et proposer des recommandations. Surtout, le serveur de données peut avoir à satisfaire des milliers de requêtes simultanées et il faut éviter que les applications ne ralentissent cette tâche. De leur côté, les interfaces se sont complexifiées et il s'agit qu'elles ne freinent pas les applications.

Mais l'évolution ne s'arrête pas là. Nous sommes désormais en 2017, l'application Toque est devenue une référence avec une base de données qui envisage de couvrir tous les restaurants du monde, une interface web, des applications sur téléphones mobiles et sur tablettes, des logiciels de recommandation gourmands en ressources. De plus, le nombre d'utilisateurs de l'application varie assez fortement dans le temps, avec des pics de fréquentation les samedis soir. Les dirigeants de Toque se posent la question : comment faire face à l'augmentation des ressources matérielles nécessaires, à leur maintenance, à leur renouvellement ? Ils se tournent alors vers le *cloud*.

Avec le *cloud computing*, ou « l'informatique en nuage », les entreprises utilisent la puissance de calcul ou de stockage de serveurs informatiques en passant par le réseau, typiquement internet. Ils louent donc des serveurs qui vont travailler pour eux, des serveurs qui sont partagés. Les services informatiques sont ainsi externalisés. Le *cloud*, contrairement à ce que cet intitulé suggère, est constitué d'infrastructures matérielles, ce qu'on appelle des grappes de serveurs, de gigantesques entrepôts où sont rassemblés des milliers de serveurs. Dans le cas de Toque, la base de données et l'application vont être déplacées dans le *cloud*, dans des grappes de serveurs connectées à internet.

Cette nouvelle architecture a été rendue possible par l'augmentation des vitesses et de la capacité des réseaux informatiques, et par la baisse du coût de stockage et de calcul. On sait maintenant faire fonctionner des grappes de serveur avec des millions de processeurs, des pétaoctets (1 PO = 1 000 TO) de données. Une grappe de serveurs, c'est d'abord une masse considérable de matériels informatiques, des baies de processeurs, des baies de stockage, des réseaux informatiques hyper rapides, des réseaux de télécoms, un système électrique fournissant une puissance considérable, un système de climatisation consommant une part importante de cette électricité, etc. Un des défis techniques est le maintien opérationnel du système en dépit de la fréquence d'incidents comme les pannes disques ou processeurs. La redondance dont nous avons parlé plus haut ne se situe plus seulement au niveau des données et des informations, mais également au niveau matériel des serveurs et de leur répartition géographique.

Pour conclure, observons que le *cloud* offre à une entreprise, ou à un individu, la possibilité de disposer de serveurs à faible coût, hébergeant un site web, un blog ou des applications plus ambitieuses, ainsi que la possibilité d'en disposer sans avoir à les administrer. C'est la démocratisation du calcul et de la capacité à créer des applications sur le web.

Pour autant, le *cloud* soulève de nombreuses questions, notamment lorsque les données sont localisées dans plusieurs pays avec des régimes juridiques de protection des données personnelles qui diffèrent de celui du pays de l'utilisateur, ou lorsque le secteur économique du *cloud* se concentre entre les mains de quelques acteurs, mettant les clients en situation de dépendance forte. Nous reviendrons sur ces sujets.

L'histoire nous apprend que l'architecture du stockage et du calcul sur les données change régulièrement. Cela nous conduit à penser que le *cloud* n'est pas un stade ultime de cette architecture. Le rythme de l'histoire de l'informatique nous ferait même penser que le prochain stade est proche. Certains le voient d'ailleurs en gestation dans la *blockchain* (« chaîne de blocs »). La *blockchain* est une technique de stockage et de transmission de l'information qui fonctionne sur un mode qu'on appelle « distribué », c'est-à-dire sans aucune coordination centrale. Notons que l'absence de centralisation n'est pas un concept neuf en informatique : internet est un exemple de réseau sans coordinateur central. Pour ce qui est du stockage, nous nous sommes habitués à voir pour chaque « morceau de donnée » une autorité centrale en charge de dire quelle est sa valeur et qui peut s'en servir. Cela nous paraît indispensable pour, par exemple, garantir que la place 12C du vol Air France Paris-Tahiti de mardi ne sera pas réservée à la fois par Alice et Bob.

Cette même propriété pourrait être garantie grâce à la *blockchain* sans nécessité de centralisation. Cette technique a été proposée originellement pour créer une monnaie, le *bitcoin*, qui ne requiert aucunement d'autorité, comme une banque centrale pour une monnaie classique. Le temps dira si la *blockchain* sera la prochaine architecture du stockage de données, au moins pour certaines applications.

Reste une dernière tâche à réaliser sur des données : les analyser.

# 3. Analyser les données

Aujourd'hui, les analyses de données tiennent une grande place dans nos vies : sondage électoral, recommandation de films, suivi des bouchons routiers, organisation des pages des médias sociaux, etc., sans que nous ayons toujours bien conscience du rôle qu'elles y jouent. Tout comme le stockage et le traitement de données, l'analyse connaît depuis des décennies des évolutions essentielles liées tant aux méthodes qu'aux outils utilisés.

## Les statistiques

Parmi les logiciels les plus utilisés dans le monde professionnel, nous trouvons les tableurs, par exemple Excel. Vous en avez peut-être utilisé un pour partager les dépenses dans une colocation ou établir un budget prévisionnel. Le tableur réalise pour nous des additions, des multiplications, etc., des calculs simples. Il nous sert aussi à établir des statistiques. Imaginons par exemple que nous sommes négociants en vin et que nous cherchons à analyser nos résultats annuels. Nous allons calculer le nombre de bouteilles vendues et le chiffre d'affaires. Pour les comparer aux résultats des années précédentes, nous allons calculer la production moyenne (en nombre de bouteilles et en chiffre d'affaires) chaque année sur les vingt dernières années. Nous allons également calculer une valeur de dispersion qui indique, d'une certaine manière, la régularité de notre production, ou encore analyser nos ventes mensuelles, réaliser le même calcul pour chaque appellation, distinguer les ventes à crédit des ventes au comptant, etc.

La statistique nous fournit toute une panoplie de méthodes pour interpréter des chiffres, des données recueillies dans un domaine particulier. Avec des outils comme les tableurs, elle s'est simplement démocratisée. Nous pourrions réaliser ces calculs « à la main » ou avec une machine à calculer. Avec un tableur, ce travail est juste simplifié.

L'utilisation d'ordinateurs pour calculer des statistiques sur des données est aussi vieille que l'informatique ; elle a rapidement envahi tous les domaines. Par exemple, les calculs de risque que les acteurs de l'assurance et la finance effectuent sont des cibles parfaites pour l'informatisation. Les données sont maintenant disponibles sur tout et n'importe quoi multipliant les occasions de réaliser des statistiques sur des volumes de plus en plus massifs de données, apportant, parfois faussement, l'impression de capturer la vérité.

À Londres, une étude a, par exemple, montré que si un chewing-gum coûte à la fabrication en moyenne 5 centimes d'euros, son nettoyage dans les espaces et transports publics coûterait en moyenne 15 centimes d'euros par chewing-gum jeté dans la rue, soit un budget de 6 millions d'euros par an. Une autre étude, portant sur 303 chirurgiens en activité avec treize ans d'expérience, a montré que ceux qui avaient joué à un jeu vidéo juste avant l'intervention terminaient avec onze secondes d'avance sur leurs confrères, et qu'ils commettaient également moins d'erreurs. Ces deux exemples nous permettent aussi de souligner la dérive des usages des statistiques. Comme l'a écrit Didier Hallépée : « Les chiffres sont comme les gens. Si on les torture assez, on peut leur faire dire n'importe quoi. »

---

## Les sondages

Dans certains cas, nous pouvons considérer les données dont nous disposons comme une information partielle sur une population importante, peut-être infinie. C'est le cas quand nous réalisons un sondage. Plutôt que d'interroger toute une population, nous nous contentons d'interroger un échantillon de cette population. Nous étendons les résultats obtenus sur l'échantillon à des résultats sur toute la population en nous appuyant sur les lois de probabilité. Le hasard intrinsèque de la sélection de l'échantillon introduit une certaine marge d'erreur dans les résultats, ce qui détermine que nous puissions avoir plus ou moins de confiance dans ces résultats. Des échecs récents, comme lors des élections aux États-Unis ou du référendum sur le Brexit au Royaume-Uni en 2016, questionnent l'utilisation des sondages, ou pour le moins insistent sur l'importance de préciser les marges d'erreur.

## La fouille de données

Depuis les années 1980, se développe le *data mining*, la « fouille de données ». Il ne s'agit plus simplement de faire de simples statistiques mais d'explorer les données pour y découvrir des connaissances. Par exemple, des corrélations inattendues peuvent permettre d'identifier une combinaison de médicaments qui augmente les risques de maladies cardiovasculaires (voir chapitre 6). Il peut s'agir également de classifier les données de façon à mieux les connaître, et peut-être de faire émerger des proximités entre certaines d'entre elles.

Dans le domaine de la fouille de données, « le panier de la ménagère » est une application très populaire . Les magasins de grande distribution analysent les achats de leurs clients pour en déduire des informations intéressantes. Ils peuvent, par exemple, y découvrir que « les gens qui achètent des bières sont statistiquement plus enclins que les autres à acheter telle marque de biscuits apéritifs ». Ils en tirent des conséquences pour leurs actions marketing, en choisissant par exemple de simplifier la vie des clients en mettant ces produits proches l'un de l'autre, ou au contraire en les éloignant pour inciter ces mêmes clients à diversifier leurs achats.

Les techniques classiques d'analyses de données basées sur les statistiques ne passent pas à l'échelle sur de gros volumes de données. Des techniques développées pour la fouille de données, plus approximatives, moins précises, moins mathématiquement fondées, ont néanmoins permis d'obtenir des résultats intéressants dans de nombreux domaines.

Une difficulté souvent rencontrée réside dans le fait que des données « humaines » contiennent de nombreuses irrégularités statistiques, qui peuvent être en elles-mêmes intéressantes ou au contraire masquer autant de connaissances intéressantes. Or il n'est pas simple d'indiquer à une machine quelles sont les connaissances dont nous disposons déjà, et quels sont les nouveaux savoirs susceptibles de nous intéresser. Les données sur le recensement d'une population nous apprennent, par exemple, qu'il y a environ autant de femmes que d'hommes. Nous le savions déjà. Qu'il y a 0 % d'invalides de la Seconde Guerre mondiale dans la tranche 0-20 ans. C'était prévisible. En revanche, si les pourcentages d'hommes et de femmes diffèrent « trop » dans une zone géographique par rapport aux moyennes mondiales, nous aimerions l'apprendre et surtout en comprendre les causes.

Les analyses de données mettent en évidence des corrélations. Une erreur classique consiste à confondre corrélation et causalité. Par exemple, la pointure de chaussures est corrélée avec le niveau de compétence en mathématiques. On observe que les personnes qui chaussent du 43 sont plus nombreuses à savoir résoudre les équations du second degré que les personnes chaussant du 30. Il ne faudrait pas en déduire que les talents en mathématiques se nichent dans les pieds. L'explication réside dans une autre variable, l'âge, qui est à la fois une cause du grandissement des pieds et de progrès en mathématiques.

Wikipédia propose un exemple plus sérieux. De nombreuses études épidémiologiques ont montré que les femmes prenant un traitement hormonal substitutif combiné (THS) souffraient moins souvent que la moyenne des femmes de coronaropathie. Cela a conduit les médecins à proposer que le THS protège contre l'insuffisance coronarienne. Cependant, des essais contrôlés randomisés ont montré que le THS provoquait au contraire une augmentation faible, mais statistiquement significative, du risque d'insuffisance coronarienne ! Une analyse plus poussée a permis de trouver l'explication : les femmes qui suivent un THS sont en proportion importante issues de groupes socio-économiques élevés, bénéficiant de régimes alimentaires et de régimes d'exercice physique meilleurs que la moyenne. L'utilisation du THS n'était donc pas la cause de la diminution de l'incidence de la maladie coronarienne, mais une coïncidence.

## Les *big data*

Avec le web et l'internet des objets, les volumes des données que l'on voudrait analyser ne cessent de croître. Les entreprises et les gouvernements, conscients de la valeur considérable des données, voudraient croiser les leurs avec d'autres, trouvées notamment sur le web, pour proposer de nouveaux services. De nouvelles techniques ont été développées, basées principalement sur l'utilisation de ce qu'on appelle le « parallélisme massif » : elles utilisent les calculs d'un grand nombre de machines dans des *data centers*. Ces techniques se sont popularisées sous le terme de *big data;* personne, à notre connaissance, n'a sérieusement proposé d'utiliser la traduction de ce terme en français: « grosses données ». Si le terme choisi par la Commission générale de terminologie et de néologie française comme par l'Office québécois de la langue française est « mégadonnées », il reste encore peu usité; nous avons donc choisi d'utiliser les termes plus fréquents de « (analyse de) données massives » et de *big data*, de manière interchangeable.

Fouille de données et *big data* sont des techniques informatiques qui marient les statistiques avec le traitement de gros volumes de données. Arrêtons-nous quelques instants sur les particularités que l'on associe généralement aux *big data*, les « 3V ».

Le premier « V » insiste sur les défis que pose le « Volume » des données; c'est *big*! Le deuxième, pour « Vélocité », indique que des données arrivent à des vitesses considérables, que les mises à jour sont parfois fréquentes, et que le temps s'invite dans le problème, par exemple quand nous analysons des marchés financiers. Le troisième souligne que les données sont très souvent d'une grande « Variété »: depuis des données très structurées, typiquement des bases de données d'entreprises, jusqu'à des données beaucoup moins structurées, comme des blogs, des courriels, des capteurs (GPS).

Aujourd'hui, fouille de données et *big data* sont devenues quasiment synonymes d'analyse de données (plus ou moins) massives. Plutôt que de gloser sur leurs différences, il est intéressant de se pencher sur les grandes fonctions que l'on retrouve dans les applications qui utilisent l'une ou l'autre de ces techniques.

Pour analyser des données massives, la première tâche consiste à aller chercher les données là où elles sont, dans des matériels comme les téléphones, ou des logiciels comme les bases de données. Cette tâche se révèle souvent difficile, car les produits informatiques sont rarement conçus pour partager leurs données et, de plus, ils utilisent souvent des interfaces et des formats hétérogènes.

Une seconde tâche consiste à « nettoyer les données ». Les entreprises sont sans cesse confrontées à des réplications approximatives de données. La même donnée, par exemple les coordonnées d'un client, se retrouve à plusieurs endroits du système d'information, dans de légères variantes, une faute d'orthographe sur le nom par-ci, une adresse obsolète par-là, etc. Autre exemple, les données générées par des capteurs contiennent souvent des points aberrants, une personne peut être détectée à quelques secondes d'intervalle à Romorantin et Palo Alto à cause d'une de ces erreurs dont les causes peuvent être variées. Les données erronées doivent être détectées, corrigées ou éliminées.

Pour du texte ou pour des images, des techniques sophistiquées doivent être mobilisées pour en extraire des connaissances, par exemple reconnaître un visage dans une photo, ou détecter les noms propres dans un texte. Il peut s'agir également d'attacher de la sémantique à des expressions du texte, comme annoter « la ville d'Anne Hidalgo » avec l'identifiant « Paris » dans un vocabulaire de référence – on parle d'« ontologie ». Cette étape d'extraction de connaissances implique au final de transformer la foule d'informations éparses en un tout homogène, d'unifier la terminologie, et de relier différentes dénominations pour le même concept dans des sources différentes.

Cette étape achevée, les données sont désormais utilisables, interrogeables. Nous disposons alors du levier qui rend l'analyse possible. C'est donc à ce stade qu'interviennent les algorithmes d'analyse de données.

Les raisons des échecs, ou de la médiocre qualité de certaines analyses de données, viennent souvent soit de la phase amont, la préparation des données, soit de la phase aval, l'interprétation des résultats. L'utilisateur est celui qui en dernier ressort décide de l'intérêt et de la valeur de ces résultats. Parfois, un analyste humain, mieux qu'une machine, est à même de découvrir des points singuliers dans des données. Celles-ci, enrichies par des calculs, lui sont présentées avec des techniques de visualisation qui essaient de s'adapter à sa manière de « voir ». L'analyste se promène dans les données, zoomant ou dézoomant à son gré, indiquant ses préférences, etc.

L'analyse de données massives est devenue incontournable dans de nombreux domaines. Elle pose pourtant des questionnements. Les données ne sont pas toujours fiables, elles contiennent des erreurs, des manques. Les données peuvent être de volume si considérable que, malgré des machines extrêmement puissantes, malgré les progrès en algorithmique, des analyses précises restent hors de portée. Des solutions *ad hoc* sont alors utilisées, sans garantie de précision ou de qualité. Il est impossible de donner les détails de millions, de milliards d'opérations. Il est donc difficile d'expliquer les résultats.

Comment une telle analyse peut-elle convaincre de la qualité des résultats ? Cette question, en sciences, les chercheurs se la posent depuis longtemps. Ils proposent la publication des métadonnées (des données qui décrivent le contenu de la base de données) qui expliquent comment les données brutes (provenance, fraîcheur, etc.) ont été collectées, choisies, et des protocoles qui disent quels algorithmes ont été appliqués sur ces données. Ces informations permettent à d'autres chercheurs de vérifier les résultats, de les reproduire parfois s'ils veulent mieux comprendre, ou s'ils ont des doutes.

---

### Hadoop

Hadoop est un environnement logiciel libre, inspiré de logiciels développés pour le moteur de recherche de Google. Il facilite la création d'applications travaillant sur des pétaoctets de données, en utilisant un nombre considérable de nœuds (des ordinateurs). L'idée principale est de découper un gros volume de données en des petits bouts distribués à chacun des nœuds. La tâche est ainsi « parallélisée » entre de nombreuses machines, qui toutes contribuent au résultat. C'est ce genre d'outils qui permet de passer à l'échelle pour réaliser des calculs sur des téraoctets ou des pétaoctets de données.

Cette technique n'est utilisable que pour des problèmes « très parallélisables ».

Étant donné le grand nombre de machines nécessaires pour ces calculs massifs, la probabilité qu'une panne surgisse pendant le calcul sur une des machines est importante. Hadoop sait gérer les pannes. Si un « bout du calcul » s'est mal passé, Hadoop le détecte et demande à une autre machine de reprendre uniquement le calcul erroné. Dans le pire des cas, des pannes fréquentes ralentissent un calcul, mais elles ne l'empêchent pas d'aller au bout.

## L'apprentissage automatique

Nous assistons depuis des années à un concours « d'intelligence » entre les humains et les machines. En matière de traduction linguistique les machines sont loin de nous égaler. Elles ont en revanche battu des champions aux échecs, et plus récemment dans le jeu télévisé Jeopardy!. Jusqu'à peu, le jeu de Go était l'un des rares où les humains dominaient encore les machines, parce que le nombre de positions possibles est considérable, bien trop grand pour permettre une exploration systématique de l'espace des mouvements. AlphaGo, le logiciel de Google DeepMind, a pourtant battu le champion coréen Lee Sedol en mars 2016. Cette victoire a été rendue possible grâce à l'usage d'un très grand nombre de processeurs, extrêmement rapides, et de mémoires massives. Mais AlphaGo a surtout gagné parce qu'il disposait de beaucoup plus de données que Sedol et qu'il a su les utiliser avec toute une gamme de techniques informatiques : analyse de données massives, exploration d'un espace de recherche réduit, et *machine learning*, « apprentissage automatique ».

L'apprentissage automatique permet de pallier notre incapacité à véritablement conceptualiser ce genre de tâches. Si nous savons conceptualiser parfaitement une tâche, nous pouvons concevoir un algorithme qui réalise la tâche concernée pour nous : « dans tel cas, faire ceci, puis cela, quand c'est possible, essayer cela, puis arriver à ce genre de configuration, ensuite faire… » Ainsi nous savons faire reconstruire (virtuellement) un Rubik's Cube à un ordinateur, ou lui faire résoudre un système d'équations linéaires.

Cependant, il est des tâches trop complexes pour que nous sachions décrire un algorithme capable de les réaliser. C'est pour de telles tâches que le *machine learning* trouve tout son intérêt.

Nous ne savons pas, par exemple, expliquer comment nous reconnaissons un chien. Notre cerveau a enregistré des images de chiens et d'autres animaux, des « non-chiens ». Quand nous sommes confrontés à un animal, nous savons le reconnaître, le classifier : ressemble-t-il plutôt aux chiens ou aux non-chiens ? Un problème finalement assez semblable est celui des « spams » : ce courriel que nous venons de recevoir ressemble-t-il plutôt à des courriels que nous avons acceptés ou à d'autres que nous avons déclarés comme des pourriels ? Même exercice pour le clinicien : cette photo de tumeur ressemble-t-elle à une tumeur bénigne déjà rencontrée, ou à une maligne ? Dans ces différents cas, pour pallier l'impossibilité de décrire correctement cette classification, nous allons utiliser des algorithmes d'apprentissages, qui vont procéder par accumulation d'informations successives.

Comment fonctionne un humain champion de Go ? Il ne dispose pas d'un algorithme qui conduit à une victoire – nous ne connaissons pas de tel algorithme. Il combine des règles explicites qu'il a apprises ou qu'il a découvertes, et des intuitions qu'il a forgées dans une longue phase d'apprentissage, en jouant de nombreuses parties. Le logiciel AlphaGo tient d'une logique semblable. Il a d'abord appris, à partir de données « naturelles », des parties jouées par d'excellents joueurs humains. Il a ensuite entassé des données de « simulation » : des millions de parties qu'il a jouées contre différentes versions de lui-même pour améliorer ce premier apprentissage. Des approches similaires peuvent s'appliquer à de nombreuses autres situations, par exemple des problèmes d'optimisation rencontrés en logistique ou la détection des émotions des appelants dans un centre d'urgence.

De manière plus générale, l'apprentissage automatique consiste dans un premier temps non pas à spécifier un algorithme très précis qui prévoit tous les cas auxquels il peut être confronté, mais à utiliser « des modèles de calcul » assez généraux qui décrivent la tâche à accomplir et, dans les grandes lignes, comment y arriver. Puis c'est à l'algorithme d'apprentissage de véritablement s'entraîner sur des données qui vont lui être fournies pour développer sa propre solution. Comme la conception de ces modèles est de très loin inspirée par le fonctionnement des neurones biologiques, nous parlons de « réseaux neuronaux ». Les plus sophistiqués de ces réseaux, les réseaux neuronaux profonds, découvrent des concepts de plus en plus complexes jusqu'à apprendre à réaliser la tâche demandée, par exemple choisir le prochain mouvement au jeu de Go.

Pour conclure sur les techniques d'apprentissage, soulignons deux de leurs limites. D'abord, l'algorithme apprend à partir des données qui lui sont fournies. Si ces données sont de mauvaise qualité ou biaisées, les résultats ne peuvent être que de mauvaise qualité, voire parfois inacceptables. C'est ce qui s'est passé quand des internautes ont appris au bot conversationnel Tay testé sur Twitter par Microsoft à répéter des propos racistes, misogynes, etc. La situation est assez semblable à celle d'un enfant à qui nous donnerions de mauvais exemples, et qui répéterait des gros mots sans en comprendre le sens.

Autre difficulté, ces algorithmes n'expliquent le plus souvent pas le raisonnement qui leur a permis de fournir un résultat, créant ainsi une forme d'opacité, qui devient problématique lorsque de tels algorithmes ont des impacts considérables sur nos vies.

Nous reviendrons sur ces deux points essentiels et d'actualité quand nous discuterons les aspects sociétaux de ces analyses de données.

# 4. Des scénarios à écrire

Quand nous considérons le monde numérique, nous balançons entre un enthousiasme pour les transformations extraordinaires qu'il apporte dans les sciences, dans notre vie quotidienne et une inquiétude pour les menaces qu'il fait porter à l'emploi, à la vie privée, etc. Rien de nouveau sous le soleil : les avancées scientifiques combinent souvent des effets positifs et néfastes. Les transformations en profondeur de nos sociétés ne sont pas le produit de la seule technologie. Il y a sans cesse des allers-retours entre d'une part les techniques telles que les conçoivent les chercheurs, les ingénieurs, et d'autre part les pratiques sociales. Une technologie n'est pas nécessairement assignée à une finalité spécifique, et c'est la manière dont les sociétés s'en emparent qui au bout du compte détermine les évolutions constatées.

Cette imbrication entre technologie et pratiques sociales explique certains échecs technologiques flagrants, comme la visiophonie, pour ne prendre qu'un exemple. Imaginée dès 1972, commercialisée en 1984, elle n'est entrée dans les usages courants que récemment avec des systèmes comme Skype. À l'inverse, cela explique aussi des détournements d'usages qui n'avaient pas été anticipés par les concepteurs d'un service. Dans de nombreux pays africains, aux services bancaires insuffisants, les SMS ont été utilisés spontanément par les populations pour opérer des transferts d'argent entre particuliers, ce qui a ensuite donné naissance à des services de paiements mobiles adaptés. Dans ce cas, l'innovation sociale a précédé l'innovation technologique. Enfin, ceci explique surtout que la même technologie puisse servir des finalités totalement différentes, le même outil pouvant être utilisé pour des causes ou des projets de société diamétralement opposés.

Le réseau Tor (pour *The Onion Router*) en constitue un très bon exemple. Ce réseau informatique est organisé sur un mode décentralisé et permet de communiquer de façon anonyme. Il est utilisé par les citoyens de pays où règne la censure politique et à ce titre constitue un formidable outil au service de la liberté d'expression. Mais il est également mis au service du *deep web*, le « web profond », cette partie de la Toile qui n'est pas indexée par les moteurs de recherche, et où se marchandent, en toute illégalité, drogues et armes.

## Dépasser la société des promesses

Du fait de ces imbrications complexes entre technologie et usages, il convient de relativiser les effets d'annonce sur les merveilleux apports du numérique. Ils sont portés par ceux qui ont un intérêt direct au succès de l'invention considérée, qui cherchent à séduire les investisseurs publics et privés, ou tout simplement ont fortement envie d'y croire. Manque le plus souvent un véritable débat sur la pertinence en termes d'utilité sociale de telle ou telle application de la technologie.

À échéance régulière, les discours emphatiques se déplacent d'objet en objet, vers ceux qui sont vecteurs d'un imaginaire permettant de catalyser les énergies et les financements. Les discours enflammés de Craig Venter, l'un des principaux promoteurs de la biologie de synthèse, sont particulièrement représentatifs de cette « société des promesses » : selon lui, la biologie synthétique permettrait de résoudre les problèmes de faim dans le monde, de produire des carburants écologiques, de réparer les dégâts créés par les anciennes technologies, notamment les effets environnementaux. Les innovations sociotechniques les plus radicales naissent au contraire souvent loin des discours enflammés, distillant leurs effets au fur et à mesure qu'elles germent dans le terreau social : lorsque Tim Bernes Lee conçoit les premiers protocoles de ce qui va devenir le

World Wide Web, c'est sans tambours ni trompettes. On sait ce qu'il en advint !

Le même raisonnement dual sur les finalités peut s'appliquer à la plupart des technologies émergentes, notamment de celles que nous allons considérer. L'analyse de données massives, pensée comme un ensemble de technologies et d'usages, n'échappe évidemment pas au phénomène. Elle n'est pas *a priori* porteuse de bien-être ou de mal-être pour nos sociétés. Elle est ce que nous voudrons bien en faire ! Cette liberté de choix n'est pas à craindre, bien au contraire. Les sciences et les technologies n'ont pas pour objet de déterminer les transformations du monde, de s'imposer au-dessus des facteurs économiques, culturels, sociaux. Il ne s'agit ni plus ni moins que de reprendre le pouvoir sur la technologie et de mobiliser la formidable créativité humaine pour construire collectivement notre destin.

L'utilisation des données dans la ville et dans la lutte contre la pauvreté nous fournit deux illustrations des tensions entre visions optimiste et pessimiste, entre potentiel transformateur et prise de risques, entre technologie émancipatrice et technologie aliénante.

## La ville au miroir de ses données

S'il est un domaine où les promesses attachées aux *big data* connaissent une véritable explosion, c'est bien celui de la ville, et plus généralement des territoires. Le terme de *smart city* apparu au début des années 2000, poussé par de grandes entreprises comme IBM, Schneider Electric, Siemens ou Cisco, a essaimé largement au sein d'un écosystème de startups et de collectivités territoriales. On désigne ainsi un territoire qui a été équipé d'infrastructures réseaux et d'objets connectés, susceptibles de générer une information destinée à améliorer sa gestion et sa gouvernance. Le terme de *smart city* est souvent improprement traduit en français par « ville intelligente ». Il faudrait plutôt parler de ville « astucieuse » ou de ville « agile ». Le terme est en soi révélateur de son ambition : l'informatique, les échanges et l'analyse des données numériques viennent en aide aux acteurs historiques de la ville – élus, administrations, entreprises publiques et privées, gestionnaires de services. Cette aide est cruciale, dans un contexte budgétaire extrêmement contraint, quand la ville est confrontée à des flux démographiques, notamment dans les pays en développement, à la pollution, à la congestion des transports et aux autres maux caractéristiques de l'urbanité du XXIe siècle.

En réalité, une *smart city*, telle que la conçoivent les entreprises qui la promeuvent, c'est avant tout une « ville des données », une *data city*. La gestion intelligente d'une ville s'appuie sur la collecte, la diffusion et l'analyse des données produites par l'ensemble de ses infrastructures urbaines : consommation des fluides, gestion des déchets, inscriptions scolaires et périscolaires, emprunts en bibliothèques, vélos et voitures en usage partagé, accès aux transports publics, informatisation de l'accès aux équipements publics type piscine, stade, etc. Si les nouveaux services sont les moteurs de la ville connectée, les données sont les sources d'énergie que consomment ces moteurs.

De quoi s'agit-il concrètement ? Par exemple, une ville choisit d'améliorer la gestion de ses flux de mobilité. Pour cela, elle installe des capteurs dans les chaussées pour repérer les places de parking disponibles et orienter vers elles les automobilistes. Elle équipe les feux tricolores afin qu'ils puissent s'adapter en fonction de l'affluence. Elle fournit aux citoyens des applications qui facilitent le déplacement multimodal (transports publics, vélo et auto partage, etc.) et découragent ainsi l'usage de la voiture individuelle.

Une autre ville va choisir de réduire son impact énergétique. Les méthodes sont nombreuses : lampadaires équipés de capteurs pour une mise en veille automatique lorsque les rues sont vides, poubelles communicantes afin d'optimiser les tournées des éboueurs en fonction du taux de remplissage et donc réduire la consommation de carburant, croisement des données météorologiques avec les données de consommation énergétique fournies par les compteurs connectés afin d'anticiper sur les pics de consommation énergétique, réduction de la consommation d'électricité des bâtiments publics, détection automatique de fuite sur le réseau d'alimentation en eau de la ville, etc.

L'agilité et l'efficacité d'une cité se déclinent dans de multiples autres domaines comme la sécurité et l'optimisation des interventions de la police ou des pompiers.

---

### FORECITY, LA PLATEFORME 3D POUR DESSINER L'AVENIR DE LA VILLE

La startup lyonnaise Forecity conçoit une plateforme 3D qui permet de modéliser les flux en matière de transport, d'eau, d'énergie ou de déchets. L'outil est destiné aux autorités publiques et aux entreprises pour les aider à effectuer des arbitrages en termes de développement urbain, qui vont avoir des effets de long terme : conception de nouveaux quartiers, installation de zones piétonnes, infrastructures de transport. C'est un outil de prospective urbaine.

### Manchester, les *big data* au service de la gestion des déchets

La ville de Grand Manchester, aidée par son université, analyse les données générées par le service de gestion des déchets pour trouver des solutions plus durables concernant le 1,1 million de tonnes de déchets générés par les habitants chaque année. L'objectif de cette analyse de données est de mieux organiser les trajectoires de collecte, d'augmenter le recyclage, d'identifier les zones où les habitants sont moins enclins à recycler pour mettre en place des dispositifs incitatifs.

## Qui gouverne la *data city* ?

Que nous dit cet inventaire à la Prévert des services issus de la *data city* ? Incontestablement, la ville gagne en efficacité. Les services opérés par la municipalité vont à l'essentiel, ils coûtent moins cher, l'impact énergétique et la pollution diminuent, les transports sont facilités.

Pour autant, cette *smart city* agile n'est pas sans soulever un certain nombre de difficultés ou pour le moins de questionnements. D'un point de vue écologique, nous pouvons nous interroger sur les habituels « effets rebonds » : s'il nous est plus facile de nous garer, n'allons-nous pas être tentés de prendre la voiture plus fréquemment, si nos déchets sont enlevés et triés de façon automatisée, allons-nous être incités à recycler et à choisir des produits à moindre emballage ? L'automatisation ne doit pas faire négliger la responsabilisation de chacun. La ville frugale se construit collectivement.

D'un point de vue politique et démocratique, la ville connectée nous questionne également. Tout d'abord, on observe que les grandes entreprises positionnées sur ce marché tendent à vouloir se substituer aux acteurs publics dans des fonctions qui étaient historiquement de leur ressort. La justification budgétaire – les moindres ressources dont disposent les collectivités territoriales – est l'argument principal pour légitimer ce transfert. Le discours s'appuie aussi implicitement sur l'idéologie selon laquelle une gestion privée serait nécessairement plus efficace, moins coûteuse, qu'une gestion publique. Il trouve des arguments dans la soi-disant absence de compétence numérique des collectivités territoriales.

La montée en puissance du numérique dans la ville devient alors motif de « privatisation » de la ville. La mise en place de ces infrastructures de recueil et d'analyse de données est souvent construite à travers des partenariats publics privés qui dépouillent plus ou moins frontalement les acteurs publics de leurs prérogatives. Le portail d'IBM dédié à la *smart city*, intitulé en toute simplicité Smarter Planet, est à cet égard éloquent ; il propose ses services dans tous les secteurs historiques des services publics ou d'intérêt général comme l'éducation, le transport, ou la santé. Mal contrôlé, ce transfert pourrait conduire à des administrations de la cité qui perdraient de vue la notion de service public et son cortège d'obligations parfois peu rentables, mais qui en sont la raison d'être. Ceci explique que certaines municipalités, comme Montpellier, après une première période de partenariat enthousiaste, cherchent à reprendre le contrôle sur leur projet de ville connectée.

Une des prérogatives nobles de la cité est de prendre soin de ses citoyens les plus fragiles. Or on observe que la *smart city* d'aujourd'hui ne s'intéresse que peu aux populations les plus pauvres, les plus marginalisées. Et pour cause, les entreprises, petites ou grandes, qui construisent ces services, ont des objectifs de rentabilité qui n'incluent pas la recherche de réponses spécifiques pour les personnes peu solvables. Il existe bien entendu des exceptions, le plus souvent portées par des acteurs à but non lucratif. À New York, l'entreprise SumAll utilise l'analyse de données pour repérer en amont les familles qui risquent d'être évincées de leur logement et trouver des solutions avant que cela ne se produise. Faciligo à Montpellier met en relation des personnes à mobilité réduite et des conducteurs autonomes pour que les seconds véhiculent les premiers, moyennant une modeste rémunération.

Plus insidieusement, les *big data* de la ville peuvent participer d'une reproduction des ségrégations. Des données de Twitter et de Foursquare, produites pendant le passage de l'ouragan Sandy à New York, ont par exemple été exploitées pour déduire des informations sur l'augmentation des achats alimentaires la veille de l'ouragan ou sur les rassemblements nocturnes le lendemain. Ces données laissaient à croire que c'était Manhattan, la partie la plus riche de la ville, qui avait été la plus affectée par l'ouragan. Kate Crawford, chercheuse au MIT, a montré en 2013 que ces données étaient en réalité parcellaires, produites essentiellement par les habitants de Manhattan, gros utilisateurs de téléphones cellulaires et de réseaux sociaux. Les données récoltées, le choix de leur source de production, donnaient *de facto* une vision biaisée de la réalité !

Ces différents problèmes liés à la ville des données conduisent au même constat : l'habitant est relégué à un rôle de consommateur de services, quand il faudrait le considérer d'abord comme acteur de la ville.

Mais ceci n'a rien d'une fatalité, bien au contraire. Nous reviendrons sur ces aspects dans le chapitre 8.

## Inégalités sociales : les *big data* entre deux feux

Pour retrouver la tension entre usages et mésusages du numérique, prenons un domaine certainement moins médiatisé et moins investi que la *smart city* : celui de la lutte contre les exclusions. Plus précisément, considérons l'apport des *big data* dans ce domaine. Vont-elles offrir de nouvelles solutions, permettre de diminuer les écarts ou bien renforcer les phénomènes de marginalisation ?

Dans le domaine du recrutement, un nombre grandissant de services de ressources humaines de nombreuses entreprises et cabinets s'appuie sur l'analyse de données pour effectuer, par exemple, des présélections sur de grandes masses de *curriculum vitae.* Les recrutements « manuels » sont fortement biaisés par les préjugés des humains impliqués, par leur subjectivité. L'usage d'algorithmes devrait faire disparaître ces biais. Mais cela demande efforts et exigence au moment de la conception. D'abord, un algorithme peut explicitement s'appuyer sur des critères comme l'âge ou le genre même quand ces utilisations sont illégales. L'utilisation directe de ces critères est facile à détecter, à éliminer. Mais, plus difficile à éviter, un algorithme de *machine learning* pourrait s'appuyer sur la mémoire représentée par plusieurs années d'historique de recrutement du service des ressources humaines pour préfiltrer les postulants. Il reproduirait ainsi les biais des individus qui faisaient le travail avant lui.

Les choix des algorithmes sont rarement neutres. Un algorithme peut inférer une segmentation sociale et culturelle à partir des données dont il dispose comme le lieu d'habitation, la localisation du lycée où la personne a été scolarisée, etc. Que va-t-il en faire ? Éliminer certains candidats malgré leurs qualités et leurs compétences intrinsèques parce qu'ils ne sont pas du

« bon » milieu social ? Rechercher les profils atypiques qui font la richesse humaine d'une équipe ? De tels choix ne sont pas techniques. Le recours à l'automatisation impose d'y répondre en amont, par des choix argumentés. La technique permet de faire bien mieux que ce que faisaient les traitements manuels… si on lui en donne les moyens.

---

### Entelo Diversity

L'entreprise Entelo a lancé un logiciel d'aide au recrutement intitulé « Entelo Diversity », dont la spécificité est de lutter contre toute forme de discrimination dans les recrutements, et d'assurer que les profils choisis contribuent à la mixité de l'équipe. Il permet par exemple d'aider à recruter des ingénieurs femmes dans une entreprise qui souffre d'un déséquilibre de genre.

---

### Enquête de ProPublica : le juge et les *big data*

Les investigateurs de ProPublica, un journal états-unien indépendant en ligne, ont observé la manière dont les décisions des juges sont influencées par les réponses à un questionnaire adressé aux prévenus. L'analyse des données sorties des réponses au questionnaire et leur croisement avec d'autres sources de données permettent d'obtenir indirectement des informations ethniques qui ne seraient pas recevables devant un tribunal : vivez-vous dans un quartier à criminalité élevée ? Votre père a-t-il déjà été arrêté ? Les personnes d'origine afro-américaine sont considérées par les juges comme susceptibles de plus forte récidive et à ce titre subissent, statistiquement, des peines plus lourdes que les personnes d'origine caucasienne alors que la comparaison en aval montre que le taux de récidive n'est pas corrélé à la couleur de peau.

Les données peuvent être également utilisées par des acteurs de la société civile pour lutter contre les discriminations et obtenir de la transparence, comme pour encourager des populations marginalisées à faire valoir leurs droits. Dans la ville de Zanesville aux États-Unis, les habitants se sont appuyés sur des données ouvertes pour démontrer que le système d'adduction d'eau suivait exactement les contours de la ségrégation sociale locale. Autre illustration, certains *community organisers* croisent les données électorales avec les données d'habitat social pour faire du porte-à-porte et convaincre les habitants d'aller voter.

Chacun des exemples d'une utilisation positive des données massives correspond à une volonté, un effort. À l'inverse, si l'on n'y prend garde, l'analyse de données massives peut au contraire accroître les exclusions, participer aux injustices.

Par exemple, l'accès au crédit est un sujet particulièrement sensible à l'usage des *big data*. Au début des années 2000, les sociétés de crédit américaines ont utilisé massivement des données pour démarcher les populations pauvres et leur vendre des biens immobiliers assortis de crédits qui les endettaient pour des décennies (dit *subprimes*). Ce sont ces populations qui se sont retrouvées à la rue quand la crise des *subprimes* a éclaté. Le problème semble perdurer, mais cette fois-ci dans des logiques d'exclusion : l'attribution des prêts s'appuie aujourd'hui sur des données massives, selon des critères opaques qui contribuent à des discriminations, alors que l'on sait à quel point l'accès au crédit est déterminant pour les personnes en précarité. Pourtant les données massives peuvent au contraire être mobilisées pour accompagner des parcours de sortie d'endettement. Le choix de la finalité n'est donc pas inscrit dans les données elles-mêmes.

---

### Petits prêts et sortie d'endettement

L'entreprise LendUp s'est spécialisée dans le parcours de sortie d'endettement. Elle prête des sommes, parfois modestes, à des personnes considérées par les organismes de crédits classiques comme « à risque ». Au fur et à mesure que les emprunteurs remboursent, ils bénéficient d'un système de points qui leur permet d'accéder à plus de crédit, à des taux plus bas, et de faire valoir un historique de remboursement positif auprès d'autres organismes financiers.

Parfois, c'est le moteur de recherche qui embarque des critères racistes ou discriminants. Aux États-Unis, certaines entreprises proposent de fournir des informations sur le passé criminel des individus. L'algorithme de la place de marché de Google considère que certains noms de famille ont une plus forte probabilité d'être ceux de personnes d'origine africaine-américaine et, ce faisant, qu'elles sont davantage susceptibles d'être allées en prison. Ce sont dès lors des publicités pour des entreprises liées aux secteurs pénitentiaires qui apparaissent à côté des recherches portant sur des noms supposés africains-américains. D'où la surprise que peuvent ressentir certaines personnes qui inscrivent leur nom dans le moteur de recherche et le voient associé à une publicité pour la recherche d'informations criminelles ; Latanya Sweeney, professeure à Harvard, en a fait l'expérience. Au Royaume-Uni, les recherches menées il y a quelques années par le quotidien *The Guardian* avaient démontré que 37 % des Noirs britanniques étaient enregistrés dans la base de données des empreintes génétiques contre 9 % des Blancs.

Là encore, il ne s'agit pas de fatalité. Nous discuterons de solutions techniques et juridiques pour limiter de telles pratiques.

# 5. Les sciences questionnées, les sciences renouvelées

Pendant longtemps, les humains ont cherché à décrypter le monde en mêlant cosmogonie, religion et sciences. La science existait mais enchâssée dans une vision religieuse : les explications scientifiques ne pouvaient être acceptées que si elles étaient compatibles avec la narration théologique. Première grande rupture, la science moderne occidentale s'est affranchie de la religion à partir de la première moitié du XVII$^{e}$ siècle, notamment avec les travaux de Galilée, qui va fonder la démarche expérimentale, en observant les planètes avec sa lunette astronomique. Lavoisier avec la chimie au XVIII$^{e}$ siècle, Darwin avec les sciences naturelles au XIX$^{e}$ bouleversent à leur tour la connaissance et l'appréhension du monde. Autre exemple de rupture épistémologique, l'arrivée de la physique quantique au XX$^{e}$ siècle oblige les scientifiques à prendre en compte le rôle de l'observateur dans l'observation. Les avancées de la biologie dans la deuxième moitié du siècle dernier ont permis de comprendre que le déterminisme linéaire à temporalité réversible (des expériences reproductibles dans lesquelles une cause « A » entraîne une conséquence « B ») qui avait prévalu durant quatre siècles, de Newton à Einstein, ne représentait qu'une partie de la science.

Les sciences connaissent ainsi de grandes ruptures qui accompagnent les découvertes majeures. On parle de changement de paradigme. Une nouvelle perspective vient tout bouleverser, nos techniques, notre conception même des sciences, nos rapports avec elles, leurs interactions avec notre monde. Pour certains, le numérique accompagne une de ces ruptures.

## Le métissage entre sciences et numérique

Les scientifiques de toutes les disciplines numérisent leurs données à tout va : photos de tumeurs, courbes des déplacements de population, mesures de températures, signaux sismiques, morceaux musicaux... Ils adoptent, avec enthousiasme le plus souvent, des outils informatiques : éditeurs, bases de données, outils de calculs, etc. Pourquoi ? Parce que le numérique leur ouvre des perspectives inouïes.

Avec internet, les scientifiques n'ont plus besoin de se déplacer, parfois très loin, pour étudier des fonds bibliographiques. Avec les courriels, la vidéo conférence, les réseaux sociaux, le numérique redéfinit le « travailler ensemble » : partager des données, échanger des idées, co-rédiger des articles. Les chercheurs se retrouvent parfois à travailler régulièrement avec d'autres spécialistes qui vivent à l'autre bout du monde et qu'ils n'ont parfois même jamais rencontrés IRL (*in real life*, « dans la vraie vie »). Un scientifique dans une ville d'Amérique du Sud, par exemple, peut aujourd'hui participer aux travaux d'un laboratoire de pointe de Paris ou de Pékin. Aux contributions linéaires, monolithiques, de petits groupes d'auteurs, se substituent d'ailleurs de plus en plus des travaux collectifs, collaboratifs, composés d'un univers de fragments aux auteurs variés. La recherche sort également de son entre-soi. Ses résultats sont exposés plus vite à plus de monde. Ce changement s'accompagne d'une extension du domaine des communs de la connaissance avec l'*open access* et la mise à disposition en ligne de publications scientifiques.

La science se construit différemment, en mettant à contribution des personnes qui n'appartiennent pas au monde scientifique. C'est ce qu'on appelle l'*open innovation* ou encore les « sciences participatives ». Sur la plateforme www.zooniverse.org, 48 projets de recherche, à la date d'écriture de ce livre, demandent à des internautes de contribuer à leurs travaux, par exemple à l'analyse de la guerre civile aux États-Unis, en transcrivant et en déchiffrant des messages et des codes produits par le service télégraphique militaire américain. Dans le domaine de la botanique, le système Pl@ntNet nous aide à identifier des plantes à partir d'images. Citoyens et scientifiques collaborent ainsi pour construire une base de données de photos de plantes. Pour chacune, le système donne, par exemple, le nom de la plante, sa place dans une classification globale, et dit quand et où la photo a été prise. Les expériences Vigie Nature, menées par le Muséum d'histoire naturelle de Paris, mobilisent conjointement les naturalistes amateurs et les chercheurs. Le numérique permet de renforcer les sciences participatives.

De telles utilisations du numérique modifient le métier de scientifique. Mais la convocation de deux méthodes numériques, la simulation et l'analyse de données massives, souvent imbriquées, va avoir des effets plus radicaux : l'essence même de la recherche scientifique est profondément modifiée.

## La simulation : élargissement et déplacement de la science

L'approche scientifique consiste en grande partie à proposer une théorie et à essayer ensuite de tester sa validité à l'épreuve de l'expérience. Quand les faits contredisent la théorie, par exemple quand des faits observés à haute vitesse dans l'espace intersidéral contredisent la physique newtonienne, le chercheur essaie de comprendre pourquoi et propose une nouvelle théorie, comme les théories de la relativité d'Einstein.

Parfois, même quand nous disposons d'une théorie et d'équations, nous ne savons résoudre ces équations que numériquement, sauf dans des cas très particuliers et généralement non réalistes – ainsi de la turbulence et de l'équation de Navier-Stokes pour les fluides. Surtout, aujourd'hui, des problèmes que nous étudions mettent en jeu de nombreuses spécialités scientifiques et sont d'une complexité telle que nous ne savons plus les décrire de manière compacte. C'est là que les données numériques et les outils associés viennent en aide à la science. Prenons l'exemple particulièrement typique de l'étude du climat. Le climat dépend entre autres des courants océaniques, de la composition de l'atmosphère, des nuages, des couches de glace aux pôles, de la composition des sols, etc. Les théories impliquées vont de la dynamique des fluides à la chimie, en passant par toute une gamme de domaines scientifiques.

Comment aboutit-on à une théorie du climat aujourd'hui ? Et surtout, comment s'en sert-on pour prédire le climat à venir, et rendre les prédictions compréhensibles et interprétables ? Les chercheurs réalisent massivement des mesures sur toute l'étendue de la planète : températures de l'air, de l'eau, vitesse du vent, compositions chimiques de l'air, etc. Ils utilisent, pour produire de l'information en temps réel, des stations météorologiques, fixes ou mobiles, des ballons, l'imagerie satellite, ou encore des capteurs dispersés sur de larges territoires. D'autres chercheurs proposent ensuite une « théorie » au sens moderne du terme, c'est-à-dire un programme informatique complexe qui simule le climat en intégrant entre autres les équations de mécanique des fluides pour modéliser les courants des océans. Un tel programme se nourrit de toutes les données dont nous disposons pour essayer de prévoir le temps qu'il va faire. Il va, par exemple, découper l'atmosphère en un nombre impressionnant de petits volumes et simuler dans le temps les échanges de températures entre ces volumes.

Le programme va utiliser et produire des quantités de données considérables. Le but de cette simulation est d'essayer d'estimer l'évolution du temps dans les jours qui viennent. D'autres programmes chercheront à élaborer une estimation sur plusieurs mois, ou sur des années. La qualité des résultats dépend de la qualité des données recueillies et de la « justesse » de la théorie et du programme.

Si les prévisions de calculs antérieurs sont trop loin de nouvelles observations, c'est que nous avons un problème quelque part. Mais nous ne jetons pas tout pour autant.

Est-ce que nos données sont correctes, suffisantes ? Est-ce que notre théorie est juste ? Est-ce que notre modélisation n'oublie pas des aspects importants ? Est-ce que notre programme résout bien les bonnes équations ? Est-ce que notre discrétisation était adaptée ? L'approche est complexe. Nous essayons d'apprendre de nos erreurs puis nous faisons évoluer les données dont nous disposons, la théorie, le code. Nous progressons par tâtonnement, par essai et erreur, en comparant notre démarche à d'autres programmes de simulation du climat. Telle approche sera meilleure pour prévoir la fonte des glaciers, telle autre pour l'ensoleillement… Les bonnes idées passent d'un modèle à l'autre; elles se propagent.

Ce type d'approche par simulation est utilisé dans de nombreux champs scientifiques. Par exemple, des équipes pluridisciplinaires, constituées de médecins, de mathématiciens, d'informaticiens, de physiciens et de chimistes, travaillent à simuler le fonctionnement du cerveau dans le cadre du Human Brain Project. Les sciences humaines et sociales se sont emparées également de la simulation numérique. Par exemple, Paola Tubaro et Antonio Casilli ont réalisé des simulations des émeutes de Londres de 2011. Ils ont cherché à savoir si la censure des médias sociaux, une solution proposée par David Cameron pour calmer la situation, avait eu un effet sur le développement d'émeutes. Leurs simulations suggèrent que la censure participe souvent à une augmentation du niveau général de la violence ; d'autres études sont nécessaires pour en expliquer les raisons.

Avec des approches par la simulation, les chercheurs s'efforcent ainsi moins d'expliquer que d'imiter l'objet de l'étude. Un programme de simulation de climat peut prévoir s'il pleuvra dans deux jours avec une bonne probabilité, mais sans vraiment expliquer pourquoi.

Nous pouvons considérer cette difficulté à expliquer comme une forme d'affaiblissement du projet scientifique. Mais est-ce que cela ne tient pas avant tout à la nature des phénomènes considérés ? La dynamique scientifique est de repousser les frontières de la connaissance. En s'embarquant dans des projets aussi ambitieux, qui font intervenir un grand nombre de lois, de règles, de données, des calculs énormes qui ne sauraient se réaliser sans ordinateurs, les sciences doivent s'accommoder de ces limites. La simulation n'est qu'une technique. D'autres sont là en complément, d'autres restent encore à inventer.

## Sciences et analyse de données massives

L'analyse de données massives ouvre un autre questionnement propre aux sciences.

Platon proposait une démarche qui partait des idées pour aller vers les expériences ; Aristote au contraire une démarche qui partait des expériences pour aller vers les idées. On retrouve ici les prémices de l'opposition moderne entre la déduction et l'induction. Au XVIIe siècle, l'expérimentation a pris une place essentielle dans la science : il s'agit de tester des hypothèses. Beaucoup plus près de nous, au XXe siècle, Popper s'est opposé à l'inductivisme, lui reprochant d'accumuler des faits sans théorie, et considérant qu'une hypothèse (une théorie) n'est scientifique que si elle est réfutable, falsifiable.

Les *big data* vont reposer la question inductive mais sous une forme d'une radicalité inédite. Désormais, il s'agirait avant tout pour les scientifiques d'accumuler des données, et d'observer les « motifs » (*patterns*) qui surgissent de ces données pour ensuite élaborer des hypothèses. On ne cherche plus *a priori* des causes, des déterminants, mais, en s'appuyant sur des analyses de données massives, on fait parler les données, pour ensuite y chercher des lois. Le travail d'élaboration, de théorisation scientifique est déporté de l'amont vers l'aval. C'est ce qui explique pour certains l'entrée dans un nouveau paradigme. Pour d'autres, comme Chris Anderson, l'ancien rédacteur en chef de la revue *Wired*, la vérité scientifique va surgir d'elle-même de la fouille massive de données. Cette affirmation a été largement battue en brèche.

## Les limites des *big data* « magiques »

Certes nous disposons de plus en plus de données, et de moyens d'analyse de plus en plus puissants. Aussi peut-être pourrions-nous nous contenter de « laisser parler les données » ? Cette proposition résiste cependant assez mal à l'épreuve des faits : l'intelligence humaine est indispensable pour savoir où et quoi chercher.

*Le choix de données brutes* (*raw data*). La sélection des données brutes est typiquement le fruit d'un travail délicat qui est le plus souvent tout sauf neutre. La manière dont les données sont recueillies et organisées témoigne parfois de conceptions sociales et politiques, ou d'*a priori* scientifiques qui vont déterminer les résultats futurs. Dans les sciences exactes, les méthodologies et les appareils de recueil de données influencent la qualité et la destination des données obtenues.

Considérer que le problème sera résolu quand on aura capturé *toutes* les données est une idée fausse. Il y a rarement de la complétude en matière de données. Certains décideurs, dans le monde de l'assurance, imaginaient déjà éliminer la notion de risque avec les *big data.* Mais tous les *big data* du monde ne pourront dire si demain matin vous aurez un accident de voiture ou si vous attraperez une grippe. Seule l'évaluation des risques pourra être améliorée.

*Le choix du problème.* Quelles connaissances rechercher ? D'abord, une grosse masse de données à qui l'on demanderait « des connaissances » sans autre spécification retournerait des évidences, comme par exemple le fait que peu de personnes âgées de cinq à quinze ans disposent du permis de conduire un camion. Ensuite, la masse de données découvrirait aussi des lois obscures parfaitement inutiles. Avec plus de données et plus de variables, la probabilité que deux variables soient corrélées « par hasard » grandit, et nous sommes de plus en plus certains de découvrir des corrélations absurdes comme celles listées sur le site dédié, *Spurious Correlations*.

*Le choix des calculs.* Même si nous disposons de plus en plus de puissance de calculs, certaines analyses peuvent dépasser nos moyens, certaines simulations être trop coûteuses, certains problèmes trop complexes. La clé du problème reste l'imagination humaine. Il peut être nécessaire de proposer une nouvelle approche mathématique pour simplifier les calculs, ou de nouveaux algorithmes pour arriver à réaliser un calcul particulier sur des volumes de données considérables

*L'interprétation des résultats.* C'est là que réside une autre difficulté incontournable. Les corrélations peuvent conduire à des explications réductrices ou à des contresens. Par exemple, une étude menée sur des étudiants d'une université corrèle la quantité de boisson alcoolisée absorbée et la qualité des notes obtenues aux examens. Pour autant, doit-on en déduire que l'alcool est la cause des mauvais résultats ? Les causes sont bien plus complexes ; l'alcool n'est souvent que le symptôme d'autres causalités. Les corrélations seules ne suffisent pas, c'est la causalité qui permet d'avancer dans la compréhension des mécanismes.

Soulignons que, parmi les outils à la disposition des scientifiques, les analyses de données massives posent des problèmes particuliers de méthodes. Comment garantir que des calculs impliquant peut-être des milliards d'opérations ont bien été réalisés correctement ? Comme nous l'avons évoqué au chapitre 3, les fondements statistiques de la fouille de données sont parfois fragiles, et les résultats d'analyse basés sur le *machine learning* difficiles à expliquer.

Pour faire court, attendre des données qu'elles parlent d'elles-mêmes est profondément naïf.

## Des avancées considérables

Une fois ces limites posées et les illusions écartées, de nombreux chercheurs partagent le constat que les *big data* offrent véritablement des possibilités d'avancées considérables dans leurs domaines. Toutes les données numériques disponibles font entrer la science dans une phase de son histoire particulièrement jubilatoire. Le fait de pouvoir collecter et croiser des sources de données hétérogènes, en appliquant de nouvelles méthodes d'analyse, fait à la fois surgir de nouvelles questions de recherche et promet de nouvelles découvertes.

L'astrophysique, la biologie et la physique fondamentale sont parmi les sciences dites « exactes » les plus concernées. Le Large Hadron Collider (LHC), le plus puissant accélérateur de particules basé au CERN à la frontière franco-suisse, est un bel exemple de l'utilisation de l'analyse de données dans les sciences. L'expérience sort de l'ordinaire. Des paquets de protons se croisent 30 millions de fois par seconde dans chaque détecteur et chaque croisement génère une myriade de particules secondaires. Le flot de données qui en résulte est traité en ligne à la volée pour éliminer les évènements sans intérêt ; le restant – qui pèse encore environ 15 pétaoctets par an – est stocké et analysé. Ceci représente des masses de données telles qu'une grille de calcul planétaire a été déployée : le Worldwide LHC Computing Grid, composé de plusieurs dizaines de pétaoctets de stockage répartis dans plus d'une centaine de centres de calcul dans le monde.

En 2012, le CERN annonce avoir confirmé expérimentalement l'existence du boson de Higgs, dont le postulat avait été posé en... 1964. Pour en arriver là, les scientifiques ne se sont certainement pas contentés de laisser parler les données. Au départ, il a fallu des chercheurs brillants pour imaginer des théories de physique fondamentale. Il a fallu ensuite la créativité d'autres chercheurs pour imaginer et réaliser une expérience qui mette à l'épreuve cette théorie. Il a fallu les talents de nombreux ingénieurs et informaticiens afin de réaliser l'infrastructure matérielle et les logiciels pour gérer un volume aussi considérable de données. Les calculs sur ces données représentent de véritables tours de force, pour faire émerger de cette masse les traces statistiques du Boson de Higgs.

---

## E-BIOTHON : LES *BIG DATA* AU SERVICE DE LA BIOLOGIE

Dans les locaux de l'IDRIS (Institut de développement et des ressources en informatique scientifique) tourne Babel, une des 500 machines les plus puissantes au monde, fabriquée par IBM. Dans le cadre d'un partenariat avec le CNRS, Inria et l'Institut français de bioinformatique, le projet E-Biothon a été lancé en 2013. Il met à la disposition de la communauté scientifique en biologie une puissance de calcul jusqu'ici inaccessible : 28 téraflops. (Le flops, pour *floating point operation per second*, « opération en virgule flottante par seconde », est l'unité de mesure de calcul. Un téraflops vaut $10^{12}$ flops.)

Une telle puissance de calcul permet de traiter les masses de données brutes issues du séquençage haut débit, des informations sur les propriétés biologiques de virus, bactéries, plantes, êtres humains, etc. L'objectif, à travers l'analyse du génome et des protéines présentes dans une cellule ou un tissu, consiste à identifier ceux qui sont spécifiques à une pathologie, et de là à découvrir de nouveaux traitements. Parmi les projets portés dans le cadre de E-Biothon, figurent l'établissement d'un « code-barres » de la diversité du vivant, afin de le classer en familles, espèces et genres, une recherche en phylogénie pour mieux comprendre les relations évolutives entre les organismes vivants à travers l'analyse de leur génome ou encore de la génomique microbienne.

## Le particularisme des sciences humaines et sociales ?

Potentiellement tous les champs des sciences dites « exactes » sont transformés par leur rencontre avec les données numériques. *Quid* des sciences humaines et sociales (SHS) ? Histoire, géographie, économie, sociologie, philosophie, droit, psychologie, etc., ces sciences qui étudient tout ce qui se rapporte à l'humain et à la société n'échappent pas à la transformation, loin s'en faut.

Certaines disciplines fréquentent les nombres de longue date : ainsi l'économie, l'histoire, la sociologie ou les sciences politiques mobilisent les études quantitatives et les statistiques depuis toujours. Mais, là aussi, les SHS sont confrontées à deux bouleversements : l'explosion des données numériques disponibles d'une part, et la diversification des sources de l'autre. Elles mobilisent des outils informatiques et demandent de développer des techniques spécifiques, notamment en analyse de données. En conséquence, un nouveau champ de recherche transdisciplinaire nommé « humanités numériques » (*digital humanities*) se structure pour mutualiser les expérimentations et les recherches utilisant le numérique.

Considérons d'abord les nouvelles dimensions des corpus de recherche. Toute une série de documents historiques – archives, livres, photographies – font l'objet d'un gigantesque travail de numérisation. Cela permet de les analyser de façon beaucoup plus systématique et sur un mode comparatif.

Certains voient grand, à l'image d'Erez Aiden et Jean-Baptiste Michel, qui ont exploré l'histoire humaine en analysant statistiquement le contenu des livres publiés depuis l'invention de l'imprimerie. Utilisant un logiciel conçu spécifiquement pour leur projet, ils ont pu compter combien de fois un mot est utilisé dans les 30 millions de livres numérisés par Google au moment de leur recherche. Les résultats, présentés sous forme de graphiques, permettent de suivre la naissance, la vie et, le cas échéant, la disparition des mots. À quelle fréquence parle-t-on de Dieu selon les époques ? Quelles sont les maladies les plus souvent évoquées ? Comment la grammaire et la conjugaison ont-elles évolué ?

Le fait que nous produisons quotidiennement, et de plus en plus massivement, tout un ensemble de traces numériques qui nous racontent constitue une aubaine pour les SHS. Des informations sur les individus et sur les sociétés, jusqu'à présent confinées dans l'intimité de leur producteur, deviennent disponibles pour le chercheur. Les balances connectées collectent des informations pondérales ; les réseaux sociaux listent nos amis ; les capteurs de nos téléphones enregistrent nos déplacements ; les moteurs de recherche agrègent nos centres d'intérêt… Cette mise en données du monde est révolutionnaire pour les SHS. Toutes ces données, une fois collectées, croisées et analysées, posent de nouvelles questions, ouvrent de nouveaux champs du savoir.

Des chercheurs en sciences politiques ont par exemple utilisé le logiciel ImagePlot pour reconstituer la chronologie des évènements qui se sont déroulés dans le parc Gezi à Istanbul au printemps 2013. Ils ont utilisé les photos prises par les personnes qui y participaient. Les colorations des photos changent progressivement, au fur et à mesure que les revendications passent du sauvetage des arbres au sauvetage de la démocratie turque et que les interventions des forces de police se durcissent. Ce travail permet de documenter un mouvement social et démocratique de façon inédite à partir de données personnelles.

Côté sociologie, le champ des possibles semble tout aussi large. Ainsi des sociologues de la conjugalité se sont penchés sur les sites de rencontre. Ayant obtenu l'accès aux données d'interactions entre les utilisateurs, ils ont pu analyser la manière dont les couples se forment, les logiques d'appariement selon différents critères (âge, centres d'intérêt déclarés, profession, revenus, etc.), la construction des identités et des représentations de soi spécifiques à ces espaces…

---

### E-DIASPORA

Le projet e-diaspora documente la façon dont les migrants communiquent à travers internet, construisent leurs liens distants et leurs communautés. Pour une communauté de migrants, une cartographie complète est élaborée qui permet de visualiser ces liens. Quand une carte classique représente une géographie réelle, une carte e-diaspora représente un territoire virtuel avec ses sites web, ses blogs, ses forums, etc.

---

### ALGOPOL

Ce projet cherche à comprendre le type de liens qui relient les utilisateurs de Facebook. A-t-on les mêmes types d'échanges avec les personnes dont nous sommes proches et avec les personnes auxquelles nous relie un lien plus faible ? Quel type de contenu partage-t-on selon le nombre de personnes « amies » dans son réseau et le type de liens que l'on entretient avec elles ? Ce travail a été aussi l'occasion pour les chercheurs de mettre en perspective ce qu'ils appellent « le travail de la donnée », c'est-à-dire le travail à fournir pour que les données deviennent réellement exploitables. Ils ont montré la complexité de ce type de recherches.

Ce déploiement des humanités numériques n'est pas sans soulever des controverses. Certains craignent que la fascination pour les *big data* ne se fasse au détriment d'approches plus traditionnelles qui demeurent néanmoins pertinentes, notamment ce qu'on appelle les méthodes qualitatives (entretiens, observations participantes, etc.). En réalité, les méthodes sont complémentaires et se nourrissent mutuellement.

Une autre difficulté tient à l'anonymisation. Les données des réseaux sociaux doivent être anonymisées avant d'être utilisées pour éviter les atteintes à la vie privée. Or certaines questions élémentaires en sciences sociales ne peuvent être explorées qu'avec des informations que gomme typiquement l'anonymisation, comme l'âge, la religion, ou les revenus.

Enfin, le risque existe de confondre la réalité avec une image web plus ou moins fidèle. Des chercheurs, en analysant des données du web facilement accessibles comme les tweets, croient pouvoir en tirer des informations sur toute la société, confondant parfois quantité et qualité. Ils oublient que l'usage de Twitter est corrélé avec d'autres comportements sociaux, ce qui crée des biais et laisse dans l'ombre tout un pan de la population.

Évidemment, les humanités numériques ne peuvent être tenues pour responsables du fait que quelques-uns cèdent à la facilité. Toutes ces critiques convergent vers le constat que les recherches s'appuyant sur le numérique nécessitent d'élaborer leurs propres méthodologies, et de comprendre leurs limites. De ce point de vue, le numérique est simplement un outil parmi d'autres.

## Les sciences réconciliées

Un fossé s'est creusé entre les sciences dites « exactes » et les humanités aux XIX^e^

et XXe siècles, du fait, notamment, de la spécialisation des recherches et du changement de regard sur les disciplines littéraires, jugées peu compatibles avec la « modernité ». Avec les données numériques, ce fossé est en train de s'estomper.

Pouvons-nous aujourd'hui penser la linguistique sans le traitement automatique de la langue ? La génomique sans les algorithmes d'analyse de séquences ADN ? La géographie sans les systèmes d'information géographique ? La météo sans la simulation de climat ? La sociologie sans le traitement de questionnaires massifs ? Les données numériques proposent un terrain vierge où les sciences dites exactes et les sciences humaines et sociales se retrouvent. Nous constatons des similarités étonnantes dans un spectre très large de disciplines scientifiques. Les chercheurs utilisent des outils communs : pour leur discipline respective, ils construisent de grands corpus de données et les analysent parfois avec les mêmes logiciels. Ils complètent leurs expériences *in real life*, avec des simulations numériques des phénomènes qui les intéressent. Ils formalisent de plus en plus les connaissances de leurs disciplines. Ils se rejoignent tant au niveau des outils que des méthodes, des approches et des développements de nouveaux savoirs. Ce n'est pas surprenant. Un ordinateur est une machine à tout faire (*general purpose*). Quel que soit le domaine scientifique, une donnée reste une séquence de bits. Les principes même de la « pensée algorithmique » peuvent être convoqués par toutes les disciplines, mis au service de tous les champs de la connaissance.

Est-ce que toutes ces transformations tiennent d'un nouveau paradigme scientifique ? Observons plutôt que le métissage étonnant entre les sciences et les données numériques permet de repenser les approches scientifiques classiques plus qu'il ne les remplace. Dans un formidable élargissement épistémologique, le numérique et les données renouvellent fondamentalement le projet scientifique.

# 6. Au service de la santé

Nos données de santé parlent de nous, au plus près, de notre corps, de ses servitudes. À ce titre, elles appellent un surcroît de protection et de précautions dans leurs usages. C'est la raison pour laquelle les données de santé sont soumises à un régime juridique particulièrement vigilant. Dans un même temps, parce que la santé est notre bien le plus précieux, c'est un domaine pour lequel les attentes collectives à l'égard de la recherche et du soin ont, sont et seront toujours parmi les plus fortes. Cela conduit à accumuler le plus possible de données de santé et à s'en servir pour découvrir de nouveaux traitements, améliorer les soins. Craintes de nous voir mis à nu dans ce que nous avons de plus intime. Espoirs de gagner des combats sur la maladie. S'il est un domaine où la tension entre espoirs et craintes attachés à l'irruption massive des données est manifeste, c'est bien celui de la santé.

## Des données massives

Prenons d'abord la mesure du phénomène. La masse de données liées à notre santé ne cesse de croître et de se diversifier. S'il y a longtemps que les structures hospitalières sont informatisées, leurs systèmes s'améliorent, les données sont de mieux en mieux structurées et de plus en plus complètes. Dans un même temps, les médecins de ville s'équipent progressivement en informatique (plus de 60 % d'entre eux utilisent aujourd'hui un logiciel qui les aide à gérer leur activité) ; les patients sont dotés d'une carte Vitale et peuvent s'ils le souhaitent ouvrir un dossier pharmaceutique et un dossier médical partagé (DMP) ; les remboursements des caisses de santé sont informatisés, accessibles en ligne sur

AMELI, et seront bientôt versés dans le DMP ; les laboratoires d'analyse numérisent leurs résultats, etc. La recherche médicale produit aussi de grandes masses de données : les enquêtes menées sur des cohortes importantes d'individus sont autant de sources d'information supplémentaires. Toutes ces données viennent s'accumuler dans des bases qui sont pour certaines locales (celles des pharmaciens ou des médecins de ville), pour d'autres nationales. La loi de modernisation de notre système de santé adoptée en janvier 2016 institue le « système national des données de santé » qui rassemble plusieurs bases déjà existantes, notamment toutes les informations produites par les caisses d'assurance maladie, mais aussi l'information de sources hospitalières ou d'établissements sanitaires et sociaux, publics et privés, ou encore celle fournie par le Centre d'épidémiologie sur les causes médicales de décès. La France possède ainsi des sources d'information sur la santé de la quasi-totalité de la population française, une situation exceptionnelle en Europe.

À côté de ces sources de données liées à une informatisation progressive de toute la chaîne de santé publique et privée, viennent s'ajouter deux sources moins connues, liées là encore à de nouveaux outils et usages du numérique. Depuis une dizaine d'années, des personnes, souvent atteintes de pathologies lourdes et/ou rares, partagent volontairement via des plateformes en ligne, comme Patients-like-me ou son équivalent français Carenity, des informations avec d'autres patients sur leur maladie, les traitements reçus, leur efficacité ou leurs effets secondaires. Ces plateformes permettent aux malades de sortir d'une forme de solitude, et de réduire l'asymétrie informationnelle qui existe entre eux et les médecins. Ce faisant, ils rendent public au sein de la communauté des informations habituellement confidentielles, ce qui constitue une rupture essentielle.

Autre changement plus récent, les capteurs biologiques connectés se multiplient : ils mesurent le nombre de pas, le pouls, la température, le taux de glycémie, les constantes sanguines, etc. Les données produites sont restituées localement à l'utilisateur, mais peuvent également être envoyées vers une interface web pour que l'utilisateur puisse les stocker, les comparer, les manipuler et, s'il le souhaite, les partager avec d'autres personnes (par exemple pour comparer des performances sportives et les rythmes cardiaques associés). À cela s'ajoutent des applications de téléphonique mobile qui produisent également des informations sur notre état, comme ginger.io, qui permet de détecter un état d'anxiété ou de dépression, ou mHealthCoach qui promet un suivi médical personnalisé. Tous ces dispositifs participent d'une tendance à l'auto-mesure, *quantified-self* en anglais. Si le but de ces données est plutôt de participer à notre bien-être, elles visent aussi souvent à encourager des habitudes de vie plus saines, par exemple la marche à pied ou les efforts diététiques. Potentiellement, ce sont bien les premiers pas vers un suivi médical et des formes nouvelles de médecine préventive qui sont en train de se mettre en place.

## Détecter et soigner, vite et mieux

La convocation de tant de données est d'abord destinée à améliorer notre capacité à nous soigner.

L'analyse de données massives ne cesse d'ouvrir de nouvelles possibilités. En remontant des informations sur des effets secondaires de médicaments après leur commercialisation, et en croisant celles-ci avec des informations venues des forums de santé, des DMP, de la littérature scientifique biomédicale, les chercheurs arrivent à détecter mieux et plus tôt des conséquences indésirables, améliorant ainsi ce qu'on appelle la pharmacovigilance. Dans un même ordre d'idée, le croisement de données de santé avec des données sanitaires, environnementales, comportementales, socio-économiques ou encore démographiques permet de comprendre des phénomènes jusqu'ici obscurs ou de les éclairer sous un nouveau jour, une discipline qu'on appelle l'épidémiologie.

Une région a connu un évènement

traumatique naturel (comme une inondation ou un tremblement de terre) ; l'observation de la consommation d'antidépresseurs et d'anxiolytiques chez ses habitants permet d'en mesurer l'impact social et médical. Le croisement de données sur les métiers d'une population spécifique et sur les pathologies dont elle souffre peut donner des indications sur les causes possibles et orienter les recherches. Par exemple, si l'on constate que les agriculteurs qui emploient des pesticides souffrent, plus que la moyenne de la population, de maladies neurodégénératives comme la maladie de Parkinson, cela justifie d'intensifier l'étude de ces pesticides et de leurs effets, voire cela peut conduire à identifier une nouvelle maladie professionnelle.

---

### AdaptFVR

AdaptFVR est une initiative du Centre national d'études spatiales, menée entre 2009 et 2011 avec le Centre national d'études météorologiques et différents acteurs sénégalais, pour étudier l'impact du changement climatique sur l'émergence de la fièvre dite « fièvre de la vallée du Rift » dans une région sahélienne au Sénégal. Le projet a permis de produire des cartes des risques d'exposition du bétail aux piqûres des moustiques, vecteurs de la fièvre, d'étudier l'impact des changements du climat sur la prévision du risque de transmission, pour *in fine* préconiser des adaptations possibles pour les gardiens de troupeaux afin d'anticiper ces risques. Il s'agit d'une démarche de télé-épidémiologie qui mobilise les données météorologiques et satellites.

D'un autre côté, l'apprentissage automatique s'appuyant sur les données médicales est aussi prometteur, notamment pour le diagnostic de pathologies graves, comme le cancer. Le principe est relativement simple : l'ordinateur compile toutes les données disponibles sur un patient, les croise avec des données accumulées relatives à des cohortes entières de malades souffrant de pathologies similaires, explore la littérature médicale et scientifique sur le sujet, et propose un diagnostic au clinicien, peut-être un traitement. L'idée n'est pas de remplacer le médecin, mais de lui faire gagner du temps dans l'établissement du diagnostic, de compléter son analyse par une quantité d'information qu'un humain seul ne saurait compiler, et de l'aider à choisir le traitement approprié. Cette utilisation de l'intelligence artificielle n'en est qu'à ses débuts, mais elle mobilise de très grandes entreprises comme IBM avec son outil d'intelligence artificielle Watson, ou Google avec DeepMind, pour ne citer que les plus connues.

---

### DreamUp Vision

Les personnes souffrant du diabète dit « sucré » présentent un fort risque de dégradation de la vue, pouvant conduire jusqu'à la cécité, une pathologie intitulée la rétinopathie diabétique. À partir de l'analyse de millions d'images anonymisées, l'outil d'intelligence artificielle de la startup française DreamUp Vision a « appris » à détecter cette maladie. Selon l'entreprise, l'outil atteint aujourd'hui un degré de précision comparable à celle des ophtalmologistes professionnels. Le logiciel a l'efficacité d'un spécialiste mais peut être utilisé par n'importe quel professionnel de santé – médecin généraliste, médecin du travail, diabétologue ou infirmière – depuis un ordinateur ou un téléphone mobile. L'objectif est de permettre un dépistage à un stade précoce de la maladie.

## De la médecine personnalisée à la médecine préventive

La génomique fait franchir un cap drastique aux promesses médicales associées au traitement des données tout en soulevant des questions éthiques d'une complexité inédite. En quelques années, le coût du séquençage de l'ADN s'est effondré, passant de plus de 10 millions de dollars en 2007 à environ 1 000 dollars aujourd'hui. On parle désormais de séquençage à haut débit. Cela signifie concrètement que pour une somme modique et dans un délai très court, il est possible d'identifier les altérations génétiques qui pourraient éventuellement faire d'un individu le terrain propice pour le déclenchement de certaines maladies. Les projets de recherche autour du génome sont aujourd'hui nombreux. Le Personal Genome Project, lancé en 2005, rassemble et ouvre à l'ensemble de la communauté scientifique les données génétiques de 100 000 volontaires. Autre exemple, plus récent, l'initiative Precision Medicine qui projette de constituer une cohorte d'un million de personnes contribuant à la fois par leurs données génétiques et médicales.

Derrière ces travaux, deux promesses : la médecine de précision d'une part et la médecine préventive de l'autre, qui relèvent de démarches complémentaires.

Côté médecine de précision, que l'on appelle aussi « médecine personnalisée », l'objectif est d'adapter les choix thérapeutiques aux caractéristiques du patient ou de sa pathologie. Par exemple, le séquençage d'une tumeur doit permettre d'en identifier les spécificités génétiques et biologiques. Croisées avec des informations sur l'environnement (comme la proximité d'une usine chimique) et le mode de vie du malade (fumeur, alimentation, etc.), ces informations permettent de proposer au patient un traitement ciblé, qui lui correspond au plus près, améliorant la performance des soins, et lui assurant ainsi une meilleure qualité de vie.

Côté médecine préventive, nous sommes peut-être en train de franchir un pas inédit dans l'histoire médicale : en nous appuyant sur l'analyse de l'ADN de la personne elle-même, et en croisant cette information avec d'autres données environnementales ou culturelles liées à l'individu (habitudes alimentaires, rythme de vie, niveau de stress au travail et dans les transports, degré de pollution du lieu de vie, etc.), nous pourrions prédire, et, de plus en plus dans le futur, peut-être prévenir, certaines pathologies graves, de type fragilité cardiaque ou rupture d'anévrisme. Comme c'est déjà parfois le cas avec des analyses biologiques (ainsi de l'amniocentèse pour détecter la trisomie 21), une analyse génomique pourrait être demandée par des parents pour s'assurer que leur enfant ne soit pas porteur d'une maladie héréditaire.

Des adultes pourraient également rechercher dans leur génome tel ou tel risque de pathologie. Le patient en puissance pourrait alors modifier son mode de vie, voire envisager des mesures plus radicales, à l'image du geste très médiatisé de l'actrice Angelina Jolie qui a choisi de procéder à une double mastectomie (ablation du sein) pour échapper à un cancer dont les médecins évaluaient la probabilité à 87 %.

## Les données du génome au cœur des controverses

Parmi les données de santé, les données génomiques sont celles qui soulèvent à la fois le plus d'espoirs et le plus de craintes.

Cette médecine prédictive, qui est encore balbutiante, agite toutes les inquiétudes, à l'heure où le marché semble en pleine expansion. En 2013, le marché mondial de la génomique était évalué à 11 milliards de dollars. Avec un taux de croissance annuel de 10 %, il pourrait atteindre les 22 milliards de dollars d'ici à 2020 nous dit la *Harvard Business Review.* Pour l'instant, l'oncologie et le diagnostic prénatal non invasif sont les segments les plus développés. Les offres sont essentiellement destinées aux professionnels et des entreprises déploient des tests qui permettent de rechercher une prédisposition à telle ou telle pathologie.

Il existe actuellement des diagnostics moléculaires pour environ 2 500 maladies.

Mais nous assistons à une double mutation de l'analyse génomique : la vente directe au public et l'élargissement des possibilités des tests.

Premier changement donc, les entreprises du secteur contournent le corps médical pour commercialiser directement leurs produits aux individus, et elles rencontrent là une forte demande. Il suffit d'envoyer un échantillon de salive et de payer une somme modique pour recevoir en retour un décryptage partiel de son génome. La société 23andMe a été pionnière en la matière dès le milieu des années 2000 avant d'être freinée par les autorités sanitaires états-uniennes, obligeant la startup à se reconvertir vers le marché de la génomique récréative, essentiellement à finalité généalogique (par exemple des Nord-Américains noirs cherchant à savoir de quelle région d'Afrique viennent leurs ancêtres esclaves).

Autre mutation, les tests ne permettent plus seulement d'identifier une prédisposition à une pathologie, mais, pour un prix équivalent, ils couvrent un spectre de plus en plus large de maladies potentielles, des plus bénignes aux plus graves. C'est en tout cas ce que propose l'entreprise Veritas Genetics, qui affirme être en capacité de séquencer les 6,4 milliards de paires de nucléotides qui composent les deux mètres de l'ADN humain. Elle a lancé ses solutions grand public en 2016 et cherche à éviter les foudres du régulateur en obligeant l'individu à passer par l'intermédiaire d'un médecin pour commander le test. L'entreprise restitue à son client non seulement le séquençage, mais aussi son interprétation qui peut être transmise par téléphone mobile.

Ces innovations ne sont pas sans soulever de nombreuses questions éthiques, comme l'a souligné le Comité Consultatif National d'Éthique pour les sciences de la vie et de la santé dans son avis publié en janvier 2016. Citons-en quelques-unes. À un niveau individuel, la manière dont les éventuels résultats peuvent être reçus par le commanditaire du test reste une grande inconnue, surtout si ceux-ci sont délivrés sans accompagnement médical : en apprenant qu'il peut potentiellement déclencher une dissection aortique, le patient va-t-il se mettre à vivre dans un état d'anxiété permanent ou cela va-t-il l'aider à changer certains comportements de vie ? Est-ce que cette connaissance d'un risque, agissant comme une sorte d'effet rebond, ne va pas contribuer à déclencher la pathologie ? Par ailleurs, le choix de savoir est une décision qui peut avoir des conséquences pour sa parentèle, porteurs d'un patrimoine génétique similaire. Est-ce que le patient doit être informé des résultats génétiques de ses proches ? Comme savoir ne veut pas toujours dire pouvoir soigner, en l'état de la médecine, quelle est l'utilité de la prédiction d'une maladie si aucun traitement ne peut être proposé ? Pour un risque évalué, pour un traitement peut-être lourd, suivant la nature et les préférences d'un patient particulier, comment décider s'il faut intervenir ? Enfin, *quid* des découvertes incidentes, qui n'étaient pas à l'origine de la recherche ?

Du point de vue des enjeux de santé publique, cette approche tend à focaliser toute l'attention sur les facteurs génétiques, au détriment des facteurs sociaux, culturels, environnementaux. Or nous savons que ces autres facteurs jouent un rôle essentiel dans le développement d'une pathologie, et qu'ils peuvent même conduire à des modifications épigénétiques des cellules. Par exemple, une personne qui souffre de malnutrition dans son enfance pourra voir une modification de son patrimoine génétique qui sera transmise à ses enfants. Deux personnes porteuses de la même anomalie génétique présentent une probabilité de développer une maladie radicalement différente selon le milieu dans lequel elles grandissent, la manière dont elles s'alimentent, le contexte professionnel dans lequel elles évoluent, etc. Sachant qu'en France seulement 3 % des dépenses publiques sont consacrées à la prévention, il est à craindre qu'un investissement massif dans les tests génétiques ne conduise à négliger d'autres investissements ou prises en charge par l'argent public susceptibles d'agir sur ces autres facteurs.

Autre question radicale : les banques ne vont-elles pas progressivement exiger un test ADN pour accepter de consentir certains prêts, conduisant ainsi à des discriminations inédites ? Les assurances ne risquent-elles pas d'utiliser les données génomiques pour proposer des couvertures médicales alignées sur les risques, au détriment de la mutualisation de ces risques, jusqu'à exclure de fait du système de soin les personnes trop à risque ? Ne va-t-on pas demain voir des employeurs intégrer des tests génétiques dans leur processus de recrutement ? N'est-on pas ainsi en train de fragiliser irrémédiablement le principe de solidarité humaine et de créer des nouvelles sources de sélection et de discrimination dans la vie sociale et économique ?

## Les nouveaux marchés des données de santé

Le secteur des données génomiques n'est pas le seul concerné par les promesses d'ordre économique.

Les pouvoirs publics espèrent que l'usage des données de santé permettra de faire baisser le coût global des soins, par exemple en diminuant la fraude. En moyenne, le montant de la fraude à l'assurance santé équivaut à 6,99 % de la totalité des dépenses de santé d'un pays. En France, elle était estimée à 150 millions d'euros en 2012, dont 70 millions par surfacturation des cliniques privées. Plus important encore, les pouvoirs publics fondent de grands espoirs dans le numérique sur deux fronts : le passage d'une médecine essentiellement réparatrice à une médecine plus préventive, et la mise en place d'une organisation de la santé beaucoup plus efficace.

Le professeur qui dirige le service de neurochirurgie-oncologie du Geisinger Medical Center en Pennsylvanie soutient déjà que l'analyse de données a révolutionné l'organisation de son service : « Nous avons analysé les compositions des équipes médicales entrant au bloc (chirurgien, infirmier, anesthésiste...), et avons gagné en efficacité tout en améliorant le temps d'opération jusqu'à 17 %. » Ces « associations » ont été analysées au regard de différents critères : rapidité, expérience de l'équipe chirurgicale, taux de non-réadmission du patient après opération, complexité de l'intervention... « Nos opérations durent en moyenne deux cent cinquante minutes. Gagner 17 %, cela représente quarante-deux minutes qui peuvent être occupées au bénéfice d'autres patients. »

Pour les entreprises, les nouveaux marchés potentiels qu'offre ce qu'on appelle globalement la « e-santé » attisent les convoitises. Comme souvent, les chiffres varient considérablement d'une estimation à l'autre. Ainsi, alors que le cabinet Xerfi-precepta prévoit un marché français de 4 milliards d'euros en 2020, McKinsey annonce 1 000 milliards d'euros en 2025, toujours pour la France, une fourchette qui laisse rêveur quant à la fiabilité des estimations. Au-delà de ces projections discutables, l'effervescence des acteurs, petits ou grands, est un signe qui ne trompe pas.

Alors que les acteurs aux reins financiers

solides investissent massivement dans l'intelligence artificielle et dans le séquençage du génome, une myriade d'entreprises, petites et moyennes, émergent, qui viennent butiner au miel de la donnée de santé et de bien-être. Rien qu'aux États-Unis, ce ne sont pas moins de 5 000 startups en 2016 qui sont estampillées « e-santé ». Difficile d'en décrire les finalités et la pertinence tant leurs positionnements sont variés. Certaines s'adressent aux professionnels, comme l'e-pansement, un dispositif qui permet d'identifier les plaies aiguës ou chroniques et aide le soignant à choisir le dispositif de soin adapté, ou comme Dem Dx, une plateforme destinée aux étudiants en médecine, à de jeunes praticiens ou à des médecins isolés pour les guider dans l'élaboration d'un diagnostic en leur apportant le savoir-faire de spécialistes. D'autres s'adressent au grand public. Axelife développe un bracelet connecté permettant de détecter les signes précurseurs d'un accident cardio-vasculaire. Mon Coach Douleur est une application sur téléphone mobile qui permet au patient atteint de cancer d'effectuer un suivi de sa douleur au jour le jour depuis sa description de la douleur jusqu'aux annotations des médicaments pris et de leurs effets sur la douleur. Sur MesDocteurs, il est possible de poser une question médicale à des professionnels et d'obtenir, moyennant paiement, une réponse en vingt-quatre heures.

## Vers le patient 2.0 ?

Parmi les arguments avancés par ces entreprises pour témoigner de leur utilité, l'*empowerment* du patient revient souvent. Derrière ce mot, que se cache-t-il pour le malade et ses proches ? Tout d'abord, la simple existence du web ouvre au patient un accès direct à des informations médicales autrefois réservées aux professionnels. Avec le numérique, le patient peut s'instruire sur sa maladie, comprendre les traitements, apprendre un vocabulaire qui lui permettra de mieux interagir avec les professionnels de l'art, et peut-être de prendre une part plus active dans le traitement. Doctissimo est certainement le site français d'information médicale le plus connu, 14e site le plus fréquenté en France en décembre 2016, avec des dizaines de millions de visites par mois. Évidemment, à côté de tels sites offrant une information véritablement médicale fleurissent des sites parfois très populaires, qui proposent dans un beau désordre toutes sortes de médecines alternatives, et de remèdes de charlatans parfois dangereux.

Ensuite, et nous l'avons mentionné précédemment, le patient peut utiliser les plateformes numériques participatives pour produire et partager son expérience, rejoignant ainsi des communautés de malades liés par une pathologie spécifique, ou participant à des essais cliniques similaires.

Certains voudraient aller plus loin, et demandent que les patients puissent récupérer les données médicales qui les concernent, afin, par exemple, de les avoir à disposition pour leur propre usage, pour suivre l'évolution de leur pathologie, ou pour en laisser, à leur libre choix, l'accès à des tiers (par exemple dans le but d'obtenir un second avis). Aux États-Unis, le *blue button* propose déjà aux patients de télécharger depuis le web leurs données de santé, mises à disposition par leur assurance, les hôpitaux, les pharmacies, etc. En France, le nouveau dossier médical partagé (DMP), qui se met en place progressivement en 2017, devrait permettre en théorie au patient qui le souhaite d'avoir accès aux informations introduites par la CNAMTS (Caisse nationale d'assurance maladie des travailleurs salariés) et par les médecins, et au-delà, de pouvoir saisir d'autres informations complémentaires.

Sans attendre que les organismes publics ou privés restituent aux patients leurs informations, certaines communautés détournent les données produites, notamment par des capteurs, et construisent les dispositifs dont elles ont besoin et que l'industrie tarde à leur fournir. Ainsi, des patients et des parents d'enfants souffrant de diabète de type 1 (qui apparaît chez les sujets jeunes) se sont regroupés dans un collectif intitulé #WeAreNotWaiting, et se sont organisés pour récupérer les données produites par les lecteurs de glycémie, ces appareils qui permettent aux diabétiques de surveiller le taux de sucre de leur sang. Les données peuvent dès lors être transférées vers le téléphone mobile d'un parent. Ce dernier peut ainsi surveiller à distance l'état de son enfant, sans avoir besoin de le réveiller la nuit, sans l'empêcher d'aller jouer au parc ou de dormir chez un copain.

Ces méthodes de collecte et/ou de détournement d'usage ne s'opposent pas au monde médical, au contraire. Les protagonistes du collectif #WeAreNotWaiting développent des outils en *open source*, librement réutilisables par des tiers, et se déclarent prêts à coopérer avec les acteurs du marché pour industrialiser leurs solutions bricolées, de manière à ce qu'elles servent plus largement. De nombreux patients participent aussi volontairement à des projets de recherche médicale participative. Sur la plateforme Orphanet, un site dédié à la recherche sur les maladies orphelines et leurs possibles traitements, porté par l'INSERM, la contribution des malades et de leur famille est jugée essentielle, au point que les chercheurs voient un *continuum* entre l'information remontée par les premiers et les fruits de leurs propres recherches.

## Des doutes au paradis de la e-médecine

Pour autant, tout n'est pas paradisiaque au pays de la e-santé. Au-delà des problématiques spécifiques à la génomique évoquées précédemment, les réticences sont de plusieurs ordres.

Tout d'abord, les professionnels craignent que le patient, seul face à son écran, confronté à une information qui lui est livrée sans remise en contexte par rapport à sa pathologie et sa situation personnelle, ne soit finalement plongé dans un bain d'angoisse : l'information médicale en accès libre représenterait pour certains malades une source d'hyper-responsabilisation plus anxiogène qu'émancipatrice. D'autres craignent une forme de désintermédiation du médecin, remplacé dans son contact avec le patient par un service web. Si le patient trouve sur la Toile des réponses différentes de celles que lui propose son médecin, il peut remettre en question l'opinion du praticien, voire la pertinence de son rôle. Que vaut une réponse à une question de santé, même fournie par une personne du corps médical, lorsqu'elle est transmise par le web, sans contact direct, sans connaissance du patient, de son histoire médicale et de son contexte personnel ? Jusqu'où le numérique peut-il remplacer ce « colloque singulier » qui se déroule dans l'intimité du cabinet médical ?

La question d'une forme de privatisation de la recherche médicale et de la santé est également posée. L'usage des *big data* de santé appelle des solutions de stockage et d'analyse à grande échelle dont le secteur public ne dispose pas encore. Outre le fait que les opérateurs privés qui se positionnent sur ce marché n'ont pas toujours de tradition de travail avec les médecins et les biologistes, nous risquons comme pour d'autres secteurs des *big data* d'aller vers une concentration d'acteurs tendant vers l'oligopole, en position de contrôler voire de s'approprier l'essentiel des données de santé, ce qui placerait les acteurs de la recherche en situation de dépendance à leur égard. Une question qui en soulève une autre : comment limiter le brevetage des découvertes qui résulteront des analyses des masses de données de santé réunies, et comment s'assurer qu'elles seront accessibles à la communauté scientifique la plus large possible, aux patients les moins fortunés, aux pays en développement, condition nécessaire pour que la connaissance dont le matériau de base a été fourni par la population demeure un bien commun ?

D'autres problématiques sont plus directement liées à la question des données et de leur exploitation. Une première interrogation porte sur ce qu'on appelle la loyauté des algorithmes (voir chapitre 10). En principe une application doit fournir un résultat qui correspond à ce pour quoi l'entreprise qui l'opère s'engage. Ainsi, un algorithme de recommandation de médicament est censé donner la meilleure prescription possible par rapport à la pathologie qui lui est soumise. Mais qu'est-ce qui garantit aujourd'hui que l'algorithme ne va pas pousser un médicament pour lequel le site se sera fait rémunérer par le laboratoire fabriquant ?

Dans un pays comme la France, la recherche médicale à partir de données de patients est strictement encadrée, tant au niveau des organismes autorisés à les manipuler qu'à celui des conditions dans lesquelles elles peuvent être utilisées. Ces contraintes sont imposées au chercheur pour mieux protéger les données personnelles. Pourtant, autre sujet d'inquiétude, des instituts de recherche privés n'hésitent pas à contourner ce type de contraintes, en allant par exemple se fournir directement auprès des plateformes participatives évoquées précédemment. Celles-ci se rémunèrent en effet en commercialisant les données de leurs utilisateurs. Même si ces plateformes s'engagent à ne livrer que des données anonymisées, les garanties en termes de protection des informations des patients sont bien moins encadrées.

Certaines entreprises ne laissent pas le choix à l'utilisateur : pour pouvoir bénéficier des services de la plateforme, ils doivent cocher une case des CGU (conditions générales d'usage) qui autorise une multiplicité d'usages de leurs données, y compris à finalités commerciales. Par exemple, sur Carinity, les CGU indiquent que le traitement des données pourra poursuivre toute une série d'objectifs dont « la réalisation de toute étude et/ou évaluation, notamment sémantique, scientifique, médicale, médico-économique, ou de qualité de vie à partir de vos données anonymisées et ainsi ne permettant en aucun cas votre identification, et ce pour ELSE CARE ou par ELSE CARE pour le compte de ses partenaires contractuels ». L'utilisateur est alors mis dans une situation de choisir entre renoncer au service ou accepter les usages par les tiers hors de la finalité initiale. D'autres plateformes ont fait le choix de recueillir le consentement de l'utilisateur pour chaque nouvelle étude ou usage externe, ce qui est bien plus respectueux.

## Encadrer pour mieux innover

Certains acteurs mettent en place des formes d'autorégulation, à l'image de mHealth Quality, label européen collaboratif en santé mobile et connectée, une plateforme de certification des applications de santé au regard de critères à la fois juridiques et médicaux. Est-ce parce qu'ils ont compris les risques que pouvait poser l'abus des usages des données collectées, ou est-ce pour éviter le couperet d'un encadrement légal plus strict ? Qu'importe ! Cela participe à la réflexion sur le sujet et à une évolution vers des comportements plus responsables.

Parfois, c'est un acteur public qui prend l'initiative, comme en France où la Haute Autorité de Santé, « autorité publique indépendante qui contribue à la régulation du système de santé par la qualité », a initié un référentiel de bonnes pratiques sur les applications et les objets connectés en santé.

Au-delà de ces initiatives parcellaires, jusqu'où et comment doit-on laisser circuler les données de santé et de bien-être ? En France, la loi de modernisation de notre système de santé, adoptée en janvier 2016, a été l'occasion d'un débat intense autour de cette question.

De nombreux acteurs, chercheurs, entreprises ou associations de patients ont appelé à ce que des bases de données liées à notre système de santé, collectées par des acteurs publics, notamment celle de la CNAMTS, soient soumises à un régime d'*open data*, c'est-à-dire rendues accessibles gratuitement à tout un chacun sous forme anonymisée. Deux arguments étaient avancés : un motif de transparence d'abord. De telles données permettraient à des acteurs extérieurs de se pencher sur des scandales sanitaires comme celui du Mediator, et de répondre à des questions qui méritent d'être mises sur la place publique :

quelles quantités ont été consommées ? Dans quelle mesure les prescriptions étaient-elles médicalement justifiées ? Combien la collectivité a-t-elle dépensé afin de rembourser l'empoisonnement de centaines de patients ? Un argument d'innovation ensuite : à force de vouloir être protecteur, notre cadre juridique priverait la recherche médicale et la médecine de découvertes et de services susceptibles de contribuer radicalement à la santé et au bien-être des populations.

---

### Renaloo

L'association de patients malades du rein Renaloo, faute de pouvoir accéder aux données publiques, a commandité une étude sur l'attribution des greffes de rein, traitement bien moins pénalisant pour les patients que le traitement par dialyse, mais bien moins rentable pour les établissements qui administrent ce dernier (un traitement par dialyse rapporte 80 000 € par an et par patient traité). L'étude a pu constater que les patients les plus diplômés sont ceux qui accèdent le plus facilement aux greffes, mettant ainsi en évidence un phénomène d'inégalité sanitaire flagrant.

Sans nécessairement aller jusqu'à l'*open data stricto sensu*, impliquant un accès universel, les avis convergent pour constater les bénéfices attendus d'un accès élargi aux données de santé. Démocratie sanitaire, meilleure coordination du parcours de soins, mise à disposition d'une information des professionnels indépendante de celle fournie par les industriels, aide fournie aux soignants pour mieux documenter leurs propres pratiques, accroissement de l'autonomie du patient... Les attentes sont nombreuses, sans oublier bien entendu les nouvelles perspectives offertes à la recherche et le développement d'un écosystème d'entreprises contribuant à l'amélioration de la qualité de vie et du bien-être, ce qui constitue un enjeu de compétitivité industrielle.

Face à ces arguments, comment comprendre les réticences initiales des pouvoirs publics ? La réponse n'est pas spécifique aux données de santé, mais, là encore, une question se pose avec une acuité particulière pour ces informations éminemment sensibles : celle des risques de « désanonymisation ». Plus les données circulent, plus les risques de croisement entre différentes sources peuvent conduire à une réidentification des patients concernés. Or aujourd'hui, ces risques ne sont pas uniquement théoriques. D'une part, les logiciels métiers utilisés par les médecins n'ont pas toujours procédé aux analyses de risques qui permettent d'assurer un niveau de sécurité idoine. Nous sommes encore loin de l'adoption systématique des principes du *privacy by design* (voir chapitre 11) même si les choses évoluent dans le bon sens. De plus, l'application des critères susceptibles d'assurer une authentique anonymisation des données est un exercice exigeant : il demande à la fois de s'assurer de « l'impossibilité d'isoler une personne (les données doivent porter sur des groupes de personnes), de l'impossibilité de faire des liens (les données au sein d'un même jeu ou entre plusieurs jeux portant sur le même groupe ne doivent pas pouvoir être reliées), et de l'impossibilité d'inférer (aucune information ne doit pouvoir être déduite à partir de la connaissance des données d'un ou plusieurs jeux) ». Si ces trois conditions ne sont pas réunies, il existe des risques de réidentification, notamment par ceux qui nous connaissent le mieux : les personnes proches et les grands acteurs du web (Google, Facebook...).

Au total, le législateur a choisi un régime intermédiaire, largement moins contraignant que le cadre juridique précédent, qui tente de concilier accès élargi et protection étroite. Certaines données seront accessibles en *open data* après une stricte anonymisation. Des données personnelles pseudonymisées ou identifiées seront accessibles à une bonne trentaine d'organismes de recherche sans demande d'autorisation préalable, mais sous conditions d'utilisation strictes. Enfin d'autres acteurs, notamment des laboratoires pharmaceutiques, pourront également avoir accès aux bases sensibles, à condition de passer par l'intermédiaire d'organismes de recherche agréés pour mener leurs études, et de solliciter une autorisation auprès de la CNIL.

La loi précise également, et c'est là une réponse explicite à une problématique évoquée plus haut, que les données du Système national de données de santé ne doivent pas être utilisées pour exclure des personnes de garanties des contrats d'assurance ou pour modifier les cotisations ou les primes d'assurance des personnes.

# 7. Au cœur de l'économie numérique

Prononcez le mot « données », et le monde économique entre en effervescence. Il n'y a qu'à écouter l'inflation de métaphores qui ont fleuri au cours des dernières années – data déluge, nouvel or noir, pétrole du XXI^e siècle, révolution des *big data* – pour se rendre compte que les données nourrissent les attentes et attisent les convoitises du monde économique.

La littérature produite par les grands cabinets de conseil, dont la fonction est autant l'analyse que la promotion de nouveaux marchés pour lesquels ils proposent un accompagnement, reflète bien cette effervescence. Ces études cherchent à estimer les bénéfices attendus pour les entreprises, incitent leurs dirigeants à accélérer les transformations numériques et regrettent que celles-ci ne se poursuivent pas à un rythme plus soutenu. Les chiffres annoncés sont astronomiques. Par exemple, le cabinet McKinsey expliquait en 2014 que le secteur de la grande distribution devrait, grâce aux *big data*, améliorer en moyenne de 60 % sa rentabilité opérationnelle.

Précisons d'abord le fait qu'une entreprise manipule différentes sortes de données. Certaines sont sans conteste sa propriété, fruit de son investissement, comme le catalogue des produits proposés ou la base de données des magasins. D'autres sont nées de l'usage de ses services par ses clients, ses utilisateurs ; elles sont coproduites entre une plateforme et ses usagers, parfois consciemment, souvent moins. Elles le sont consciemment lorsque les utilisateurs laissent des avis sur des produits, ou lorsqu'ils discutent sur des médias sociaux. Sur TripAdvisor, par exemple, ce sont leurs avis sur les restaurants ou les hôtels qui font la valeur du service. Elles le sont moins consciemment lorsqu'il s'agit des traces laissées par les utilisateurs à leur insu, telles que les pages regardées, les liens cliqués, le temps passé sur chaque site, la géolocalisation de leur téléphone, etc. Les usages des *big data* vont s'appuyer sur l'un et l'autre de ces bouquets de données.

Tout en mettant les chiffres des cabinets de conseil à distance, on peut véritablement espérer des bénéfices pour les entreprises. En quoi consisteraient-ils ? Nous pouvons identifier six usages principaux des données qui transforment le quotidien des entreprises.

*L'amélioration de l'efficacité de l'entreprise.* L'utilisation de données permet d'améliorer des processus, de gagner en efficacité opérationnelle, et ce faisant de réduire les coûts. Chez les gestionnaires de réseaux ou d'équipements industriels par exemple, l'analyse de grandes masses de données permet d'identifier plus vite des pannes ou des déperditions d'énergie. Dans son magasin vitrine aux Pays-Bas, Ikea utilise les données mobiles de ses clients pour optimiser l'organisation des rayons, évaluer leur temps d'attente aux caisses et réduire ceux-ci en période d'affluence.

*L'amélioration de la relation client.* Côté marketing numérique, il s'agit d'abord de mieux connaître les clients, de mieux sélectionner ceux qui vont recevoir un mailing ou être contactés par téléphone, d'adapter les offres en fonction de leurs spécificités (ancienneté, localisation, taille du foyer...), et, au total, de les fidéliser afin d'éviter qu'ils ne partent chez la concurrence. L'application de réseau social Tinder a choisi ouvertement de moduler son tarif en fonction de l'âge du client et du nombre de *matchs* (connexions entre deux utilisateurs). La grande distribution module ses avantages liés aux cartes de fidélité en fonction du panier habituel de son client.

*Le marketing personnalisé.* Côté prospects, les données vont essentiellement être utilisées pour ajuster la publicité à ce que l'on sait de l'internaute (*cf. infra*). La collecte de données doit permettre d'ajuster la publicité en temps réel, non pas uniquement en fonction du site regardé, mais en fonction des centres d'intérêt et de toute autre information qui permet de cerner la personne (sa tranche d'âge, ses modes de consommation, etc.). Les publicitaires espèrent ainsi d'une part que la publicité soit vécue comme moins intrusive par l'internaute puisqu'elle lui correspondrait, voire répondrait à ses besoins, et d'autre part, bien entendu, qu'elle suscite plus d'actes d'achat.

*Le marketing prédictif.* Avec le marketing prédictif, encore peu développé, l'ambition est poussée un cran plus loin : il s'agit d'identifier des comportements qui peuvent laisser présager un achat ou un passage à la concurrence. Si la personne vient de déménager pour un logement plus grand et d'acheter une poussette, une offre pour une voiture familiale peut faire sens. Si le client passe en statut de client inactif, effectue des réclamations ou consulte les conditions de résiliation sur un site internet, il est probablement temps d'adapter l'offre ou de le contacter personnellement.

*La gestion des ressources humaines*. Un cinquième bouquet d'usages internes à l'entreprise, encore relativement balbutiant, est l'utilisation de l'analyse de données pour la gestion RH. Il peut s'agir, par exemple, de réaliser un premier filtre des candidats à un poste en analysant les données dont on dispose sur eux et en les comparant à des « profils idéals » obtenus à partir de personnes déjà en poste. Des corrélations entre les profils d'employés et ceux de postes à pourvoir peuvent aussi être utilisées pour mieux organiser la mobilité interne. La formation d'un employé au cours de sa carrière dans l'entreprise peut être suivie et bénéficier elle aussi de l'analyse de données.

*La monétisation des informations sur les clients*. Enfin, il existe une dernière source potentielle de revenus, cette fois-ci non plus liée à des gains de productivité, mais à l'existence d'un marché des données : l'entreprise revend à d'autres des informations sur ses clients. Cette possibilité reste marginale pour l'heure, loin des promesses « de nouvel or noir » qui a fleuri au début des années 2010. Elle est historiquement pratiquée par les acteurs des cartes de paiement, par la COFACE, l'assurance-crédit internationale pour les entreprises, ou encore par KOMPASS, l'annuaire des entreprises. L'opérateur de télécommunications Orange convertit des données mobiles en indicateurs statistiques pour mesurer la fréquentation d'une zone géographique et le déplacement des populations, une offre qui intéresse par exemple les offices de tourisme.

## Quatre groupes d'entreprises

Pour que ces promesses se réalisent, encore faut-il disposer des infrastructures et des compétences nécessaires. Rares sont les entreprises qui bénéficient de ces ressources en interne. Pour comprendre en quoi consistent les marchés existants ou à venir, il faut distinguer quatre ensembles d'entreprises concernées par les données.

*Les secteurs traditionnels.* Les entreprises de ces secteurs, de la banque à l'agriculture en passant par l'assurance, attendent de la mobilisation des données des gains en productivité non négligeables, voire de nouvelles ressources. Elles vont pouvoir construire de nouveaux services autour de la donnée.

Même si certaines, de longue date, ont plongé dans le monde des données, comme c'est le cas du secteur bancaire et assurantiel, toutes ces entreprises ne disposent pas des moyens de réaliser en interne des analyses de données massives ; elles se tournent donc vers des acteurs dont c'est le métier.

*Les acteurs de l'analyse de données.* Ils fournissent les infrastructures et les outils pour stocker, traiter et analyser les données.

Pour l'heure, c'est autour de ces entreprises que se construit le cœur du marché des *big data*. Selon une étude de Markets and Markets parue en avril 2016, le marché des *big data* mondial, évalué actuellement à 28,65 milliards de dollars, pourrait atteindre une valeur de 66,79 milliards de dollars en

2021. Une croissance qui s'explique par l'accélération du passage au numérique dans de nombreux métiers.

Ce secteur se segmente *grosso modo* en deux grands domaines : d'une part les propositions de moyens de calcul, avec des plateformes de gestion et d'analyse de données, ou de logiciels pour les différentes étapes du problème, et de l'autre, des offres de services – *consulting*, intégration, formation, support.

Ce secteur est très actif, avec des entreprises historiques comme IBM, Microsoft ou Oracle, ou des petites qui montent comme Cloudera. Pour ce qui est des *data centers*, en France, des opérateurs télécoms comme Orange se sont positionnés sur le marché, à côté d'entreprises dédiées comme OVH. Des entreprises comme Amazon avec Amazon Web Services proposent souvent des solutions intégrées depuis les machines pour stocker et analyser les données, jusqu'aux logiciels nécessaires.

*Le marché innovant de la publicité.* Le troisième groupe d'acteurs se déploie sur le marché de la publicité en ligne. La publicité sur le web ne cesse de se transformer, la capacité d'enrichissement des données et les techniques de personnalisation de la publicité s'affinent d'année en année. Au cœur de ces techniques, le cookie joue un rôle essentiel, puisqu'il va permettre de collecter des informations sur les personnes qui visitent les sites web. Ce rôle a évolué au fur et à mesure des innovations proposées par ce marché.

## Comment fonctionne le cookie ?

Un cookie est un petit fichier texte associé à un serveur web qui est conservé sur l'ordinateur de l'utilisateur du service. À chaque fois que l'utilisateur visite le service, son ordinateur envoie ce fichier au serveur et en récupère une nouvelle version. Ce fichier permet ainsi au serveur web de suivre l'utilisateur d'une connexion à l'autre, d'éviter de le « redécouvrir » à chaque session, et de lui offrir un service mieux adapté.

Le cookie contient des informations qui permettent d'identifier l'internaute comme l'adresse de sa connexion internet, le numéro de code de l'ordinateur avec lequel il s'est connecté au service, et surtout, s'il s'est authentifié, le login qu'il a utilisé pour avoir accès au service. Avec les cookies, le service peut accumuler des informations sur les utilisateurs de l'ordinateur authentifiées (dont il connaît le nom et/ou le mail) ou non : les mots-clés de recherche, les pages visitées, les horaires des visites, les localisations au moment des connexions, etc. Quand nous visitons une page web, il y a le plus souvent non pas un mais plusieurs cookies activés, qui déposent des informations dans les bases de données de leurs entreprises respectives. Le cookie peut évidemment provenir du site consulté lui-même (par exemple un journal en ligne pour un article de presse ou un réseau social quand nous consultons la page d'un « ami »). Il peut également être déposé par des sites qui ont fourni les encarts publicitaires apparaissant sur la page, par ceux qui procurent les polices de caractères, ou encore par celui qui comptabilise et analyse les visites (souvent Google Analytics). Certains de ces poseurs de cookies sont présents sur les pages de nombreux sites, et peuvent donc croiser différentes visites d'un même internaute, construisant ainsi un profil de plus en plus détaillé. C'est le métier de ce qu'on appelle des *ad networkers*, comme Weborama, et des *data providers*, comme BlueKai, Acxiom ou Ezakus.

À noter que, pour l'heure, les cookies ne fonctionnent pas sur les applications du téléphone mobile, alors que la base d'usages de ce dernier ne cesse de croître. Les entreprises spécialisées travaillent à d'autres moyens d'identification adaptés à tous les types de terminaux pour remplacer les cookies.

Dans un premier temps, les techniques ont consisté uniquement à relier les différents centres d'intérêt d'un visiteur à l'intérieur d'un même site web. Un lecteur du *Monde* qui a regardé les pages « Sports » se voit proposer des publicités pour un annonceur de produits sportifs, alors même qu'il est en train de consulter les pages politiques du même journal.

Dans un second temps, les régies publicitaires se sont tournées vers des régies multisites ou *ad networks*. Ces acteurs utilisent les cookies pour affiner le profil de l'internaute à partir d'informations collectées sur différents sites, et ensuite croisées. Par exemple, si le lecteur du *Monde* est allé voir le site d'une agence de voyages, puis le site de l'office de tourisme d'Indonésie, la régie multisite pourra lui proposer, pendant sa lecture du *Monde*, une publicité pour une compagnie aérienne. On parle de « reciblage publicitaire », ou *retargeting*. Très visible, cet usage est celui qui irrite le plus les internautes, au point que les associations d'annonceurs demandent aux régies d'en limiter l'usage.

La troisième étape du marché de la publicité en ligne est celle de la commercialisation des espaces publicitaires sur des places de marché (*ad exchanges*). Ils reposent sur des mécanismes d'enchères réalisées le plus souvent en temps réel (ce qu'on appelle le RTB, *real time bidding*), en s'appuyant sur des algorithmes sophistiqués. Dans cet univers, les courtiers de données (*data providers* et *data brokers*) jouent un rôle essentiel. Non seulement ils collectent des données via les cookies, mais ils organisent également la mutualisation de données provenant de différentes sources, en les intégrant dans des bases de données pour ensuite les revendre.

D'autres évolutions du marché publicitaire sont à prévoir, avec le déploiement chez les annonceurs eux-mêmes de ce qu'on appelle des DMP, des *Data Management Platforms*, sortes de vastes bassines à données personnelles.

*Des* pure players *du web.* La relation des entreprises à ce marché publicitaire varie considérablement d'un secteur à l'autre. Certaines sont uniquement acheteuses d'espace publicitaire (par exemple un grand magasin comme les Galeries Lafayette). D'autres vont à la fois acheter de l'espace publicitaire et offrir sur leur propre site web de l'espace à des tiers. C'est le cas déjà cité d'un journal, qui va alors cumuler différentes sources de revenus (achat en kiosque ou abonnement à la version papier, abonnement à la version numérique, revenus publicitaires dans la version papier et la version en ligne). La plupart des sites vont non seulement exposer de la publicité, mais aussi embarquer des cookies qui vont servir à des tiers, selon le modèle décrit précédemment. Enfin, certaines entreprises du web vont vivre essentiellement de la publicité.

C'est à ce dernier groupe d'acteurs que nous nous intéresserons maintenant. Il est constitué d'entreprises qui ont, depuis leur création, construit leur modèle d'affaires sur la collecte et la valorisation d'informations sur leurs usagers. Les plus connues sont Google, Twitter ou encore Facebook. Cela ne veut pas dire que tous les *pure players* du web fonctionnent sur ce modèle, loin s'en faut. Les sites de e-commerce comme Amazon ou Cdiscount, qui représentent aujourd'hui le gros du chiffre d'affaires du monde du Web, tirent leurs gains des commissions sur les transactions, tout comme la plupart des plateformes de l'économie collaborative (Uber, BlaBlaCar, AirBnB). À titre indicatif, le e-commerce en France représente près de 65 milliards d'euros de chiffre d'affaires en 2015 alors que celui de la publicité numérique, tous supports confondus, pèse 3,4 milliards d'euros.

## Une gratuité en trompe-l'œil

Pour autant, ces entreprises qui vivent de la publicité méritent une attention particulière : du point de vue économique, au-delà du chiffre d'affaires, leur valorisation boursière est très élevée ; du point de vue des pratiques sociales et de leur rôle dans l'évolution du web, de son organisation, elles occupent une place essentielle.

Elles utilisent les données personnelles à deux titres : pour le fonctionnement du service et pour générer les revenus qui les font vivre. Un média social comme Facebook va construire le profil de ses utilisateurs et de son réseau d'amis à la fois pour hiérarchiser les « posts » qui vont apparaître prioritairement dans son fil d'information et pour personnaliser la publicité qui va s'afficher sur leurs pages.

Les internautes plébiscitent souvent le premier usage, le service, d'autant plus s'il leur est offert. Pourtant, d'autres intérêts que les leurs peuvent entrer en jeu. C'est le cas lorsqu'un moteur de recherche vous propose en priorité son propre service de commerce comparatif plutôt que celui d'un concurrent que vous avez l'habitude d'utiliser. Cette pratique est questionnable, surtout parce que l'internaute n'en a souvent pas conscience.

Quant au second usage, la valorisation des données personnelles sur le marché publicitaire, il détermine l'organisation même de tout ce pan de l'économie et soulève d'autres questions.

Revenons sur l'exemple du média social. D'un côté il met à disposition l'information produite par le graphe social de chacun de ses utilisateurs (ses « amis », ses *followers*), de l'autre, il collecte et monétise de l'information sur ces mêmes utilisateurs. C'est ce qu'on appelle un marché biface. Une face sur laquelle il s'agit de capter le grand public en lui proposant un service qui l'intéresse, et une autre qui s'adresse aux clients réels, ceux qui payent, des entreprises annonceurs.

Les marchés bifaces ne datent pas du web : la presse a vendu pendant longtemps des exemplaires ou des abonnements à ses lecteurs et de la publicité à ses annonceurs, et la grande distribution a développé ses propres marques de produits en concurrence avec ses fournisseurs. Mais ce qui est nouveau, c'est que la face grand public semble au premier regard gratuite. Et elle l'est si on s'en tient à une compréhension restrictive de la gratuité, le fait de ne pas avoir à ouvrir son porte-monnaie chaque fois que l'on tape une question sur Google ou que l'on envoie un message en 140 caractères sur Twitter. En réalité, l'utilisateur fournit en échange du service non pas de l'argent sonnant et trébuchant, mais son attention et de « l'info-monnaie », des informations sur lui-même, sur ses centres d'intérêt, ses goûts, ses opinions, ses amis… qui vont être valorisées par la plateforme sur son autre face, auprès des annonceurs et des courtiers de données. C'est ce qu'on appelle « l'économie de l'attention » : *in fine*, ce qui est recherché, c'est la capacité à attirer et capter l'attention de la personne qui visite le site web dans lequel s'insère la publicité. Même les sites de e-commerce, qui reposent essentiellement sur un autre modèle économique puisqu'ils peuvent prélever une commission sur les biens qu'ils diffusent, tendent à collecter des informations personnelles sur leurs clients pour leur faire des recommandations d'achat qu'ils vont monétiser auprès des fournisseurs.

Ce modèle de l'économie de l'attention a permis, à la fin des années 1990 et au début des années 2000, l'envolée en un temps record d'une multitude de services en ligne, pour lesquels le temps d'adoption aurait été extrêmement lent ou qui n'auraient jamais rencontré le succès si les utilisateurs avaient dû débourser d'entrée de jeu. Imaginons un moteur de recherche pour lequel il faudrait débourser ne serait-ce que 0,01 centime à chaque requête. Ce n'est certainement pas la seule raison à l'explosion des services en ligne ; l'existence d'infrastructures ouvertes, internet et le web, y sont aussi pour beaucoup. Mais nul doute que cette apparente gratuité a permis aux premiers utilisateurs, déjà confrontés à la difficulté d'un apprentissage de nouveaux outils, de s'emparer sans hésiter des possibilités offertes par le web, boostant ainsi un secteur imaginatif de nouveaux services.

Pour autant, vingt ans après les débuts du web grand public, nous observons chaque jour un peu plus les effets secondaires du système dans lequel de tels modèles économiques nous enferment.

## Un commerce toujours plus concentré

Pour des raisons propres à l'économie numérique dans son ensemble, que nous n'avons pas le loisir de détailler ici (effet réseau et *winner takes all*), on constate que ces marchés ont des tendances monopolistiques ou oligopolistiques à l'échelle planétaire. Même si ce n'est pas spécifique aux entreprises du web qui vivent de la commercialisation des données personnelles, le phénomène est particulièrement prégnant dans leur cas. À l'échelle mondiale, Google détient 88 % des parts de marché des moteurs de recherche. En France, 57 % des internautes sont présents sur Facebook, qui touche 1,7 milliard de personnes dans le monde. Plus précisément, il s'agit de ce que les économistes appellent des « oligopoles à franges » : quelques entreprises se partagent le marché, mais des petits services peuvent se construire sur le même secteur, car cela ne menace pas les acteurs principaux.

De ces positions dominantes résulte un enfermement de l'utilisateur. Un consommateur mécontent de sa boulangerie ira acheter son pain chez son concurrent. Mais comment quitter Facebook lorsque le réseau social est devenu de fait un service universel, un espace quasi incontournable de sociabilités et de vie publique ? Qui plus est, un lieu où se trouvent accumulées des années de photos, de vidéos, de souvenirs, d'échanges ? Cet enfermement explique que les nouveaux entrants, les concurrents potentiels, même lorsque leur promesse est celle d'un service plus respectueux de la vie privée, comme le moteur de recherche Qwant ou le réseau social diaspora*, peinent à attirer des utilisateurs et à se faire une place au soleil.

---

### DIASPORA*

diaspora* est une application web de réseau social. À la différence de services comme Facebook ou Twitter, le réseau social qui repose sur cette application est « distribué ». L'utilisateur choisit le serveur auquel il veut confier ses données, parmi des serveurs existants, ou installe son propre serveur. Les informations ne sont centralisées nulle part et ne sont en aucun cas monétisées. Comme dans un réseau ordinaire, on peut partager des textes, des images, des liens, exprimer des opinions, commenter celles des autres, les « liker »... Mais les publicités sont absentes et les données restent confidentielles. Enfin diaspora* est un logiciel libre, ce qui signifie que son code source est consultable, utilisable, modifiable et redistribuable par tous gratuitement. Qui veut peut participer au projet en améliorant l'application, en la traduisant, en créant des graphismes, en aidant les nouveaux arrivants.

Au total, un petit nombre de grandes entreprises accaparent la plus grande masse des données personnelles. Cela les place en situation d'avantage commercial dans de plus en plus de secteurs économiques, ce qui nuit à l'innovation. Les autres entreprises périclitent ou doivent se contenter de petits marchés. Quant au consommateur, ses choix se raréfient. Mais les effets pour les individus vont bien au-delà.

## Des effets secondaires pour les individus

Quand les services sont souvent gratuits, les bénéfices doivent être gagnés dans la monétisation des données. Pour que la publicité en ligne soit efficace, il lui faut cerner toujours de plus près l'utilisateur, y compris dans des détails de plus en plus intimes, comme les orientations sexuelles, religieuses ou politiques. Par exemple, ainsi que l'explique le *Washington Post*, Facebook a modifié le système de préférences publicitaires pour le simplifier et ouvert un portail pédagogique qui détaille son fonctionnement. À l'arrivée, ce ne sont pas moins de 98 données personnelles que le réseau social mondial peut collecter sur ses utilisateurs, pour affiner ses offres publicitaires.

En quoi cette collecte massive de données personnelles par des plateformes est-elle un problème ? Les critiques parlent généralement de danger pour notre vie privée. Certes des entreprises se retrouvent à la tête d'une somme d'information que nous n'aurions jamais imaginé dévoiler à des tiers. Mais finalement, en quoi cela est-il gênant si cela ne sert qu'à l'amélioration du service et à la publicité ?

Trois raisons principales peuvent être avancées. D'une part, ces données ne sont pas toujours bien sécurisées techniquement, et peuvent faire l'objet de cyberattaques. Elles servent alors à nous spammer ou à des fins criminelles comme le chantage. En 2015, les données de 32 millions de comptes sur Ashley Madison, le principal site de rencontres adultères aux États-Unis, ont été mises en ligne, avec les conséquences que l'on imagine pour la vie des individus concernés.

D'autre part, elles rendent la relation entre l'utilisateur et les entreprises toujours plus asymétrique. Le rôle normal de la publicité est d'influencer les choix de l'individu. Dans un environnement publicitaire classique – une affiche en rue, une page de journal – notre œil s'arrête ou non sur ces informations, en fonction notamment de notre intérêt pour le sujet ou de notre disponibilité à ce moment-là. Lorsque la publicité nous suit sur tous nos terminaux et qu'elle colle au plus près de notre personnalité et de nos centres d'intérêt du moment, voire qu'elle les anticipe, notre marge de manœuvre pour résister à cette influence se réduit comme peau de chagrin. Il devient alors extrêmement difficile de garder nos distances face aux incitations consuméristes.

Enfin les entreprises qui vivent de données personnelles les collectent à des fins commerciales, mais *de facto* elles construisent des infrastructures informationnelles qui peuvent être mobilisées pour la surveillance. En effet, les gouvernements n'hésitent pas, comme l'ont montré les révélations d'Edward Snowden à propos des services de renseignement américains, à accéder aux données collectées par ces entreprises, baissant ainsi le coût de la surveillance de masse. Nous aurons l'occasion de revenir sur ce sujet, et notamment sur les dérives de ces pratiques gouvernementales quand elles ne sont pas encadrées par la loi (voir chapitre 9).

## Une asymétrie de pouvoir

Pour tous ces effets secondaires comme la concentration des marchés, l'affaiblissement de la vie privée, ou le risque de surveillance, l'asymétrie de pouvoir constitue un marqueur essentiel. Asymétrie entre les données dont dispose une entreprise du web bien établie et celles dont dispose une entreprise traditionnelle ou une jeune startup qui cherche à s'implanter sur le web. Une telle asymétrie a peu d'équivalents dans l'économie traditionnelle. Asymétrie également entre le pouvoir de l'entreprise, la plateforme du web, et celui de son usager, l'internaute. Alors que le droit de la consommation et le droit des données personnelles ont su, bon an, mal an, limiter cette asymétrie dans les autres univers, ils peinent à contrôler cette relation commerciale atypique qui caractérise les plateformes web.

Une des causes principales est le cadre juridique. L'organisation juridique de cette relation repose sur le droit des contrats privés. Nous signons un contrat par lequel nous manifestons notre consentement à l'usage de nos traces et données à chaque fois que nous acceptons des CGU (conditions générales d'usage) pour une *app* ou un service internet.

Depuis 2009, obligation est faite aux sites web d'afficher un avertissement sur l'usage des cookies; la possibilité de refuser la commercialisation publicitaire de ses données de navigation est devenue plus accessible. Elle se présente le plus souvent sous forme d'un *opt-out*, c'est-à-dire que l'internaute doit décocher un certain nombre de cases pour que ses données ne soient pas commercialisées. Parfois, il devra tout simplement refuser de visiter le site qu'il convoitait. Certains sites préviennent ainsi d'emblée: « Nous utilisons des cookies pour vous garantir la meilleure expérience sur notre site. Si vous continuez à utiliser ce dernier, nous considérerons que vous acceptez l'utilisation des cookies. » Cette information, si elle a l'immense mérite d'indiquer à l'internaute les pratiques de traçage, ne résout pas tout. Tout est fait pour que l'internaute consente les yeux fermés à la réutilisation de ses données, notamment en jouant sur la simplicité : il est bien plus facile d'accepter les cookies en bloc que de s'interroger sur les usages que l'on souhaite autoriser ou non. L'internaute, en situation de confiance sur le site qu'il visite, et habitué à accéder instantanément à l'information recherchée, prendra rarement le temps de faire le détour pour ne pas être tracé.

Les logiques d'*opt-out* omniprésentes sur le web sont au cœur de ce consentement biaisé : bien souvent par défaut l'utilisateur consent, et c'est à lui qu'incombe le geste qui lui permettra de refuser son consentement (décocher une case). Souvent, il ne comprend tout simplement pas comment utiliser cette faculté. La généralisation d'une logique inverse, l'*opt-in*, qui consiste à cocher les usages auxquels on consent, limiterait les réutilisations par défaut de ses données.

## Une valeur qui ne diffuse pas dans la société

Une dernière problématique liée aux modèles économiques du web concerne la répartition de la valeur générée. Ces entreprises qui vivent essentiellement de publicité impressionnent par les chiffres d'affaires réalisés (plus de 74 milliards pour Google, 18 milliards pour Facebook en 2015) et par leur capitalisation boursière.

Dans l'esprit de ces entreprises, la proposition est simple et honnête : je vous fournis un service de qualité, et en échange vous me confiez vos données pour tous les usages que je pourrais imaginer.

Ce modèle permet à un tout petit nombre d'acteurs de réaliser des profits considérables. Une critique revient de façon de plus en plus aiguë : ce profit n'est que très peu distribué vers le reste de la société.

Ces entreprises ne créent que peu d'emploi proportionnellement à leur chiffre d'affaires : ainsi, en 2014, Google employait à l'échelle mondiale 57 000 salariés pour un chiffre d'affaires de 66 milliards pendant que l'opérateur de télécoms américain AT&T employait plus de 300 000 salariés pour un CA de 132 milliards. Surtout, elles ne paient que très peu d'impôts car elles pratiquent avec maestria ce qu'on appelle pudiquement l'« optimisation fiscale », des montages complexes qui s'appuient sur les fragilités d'un système fiscal international, devenu obsolète face à la fluidité des échanges numériques.

# 8. La démocratie étendue, la démocratie fragilisée

L'information a toujours joué un rôle essentiel en démocratie. Elle est au cœur de la transparence et du débat, deux piliers d'un régime démocratique. Les responsables sont élus sur des programmes porteurs de projets de société, de choix de réformes, qui ont été discutés au sein de leur parti, dans l'espace médiatique, la blogosphère, ou tout simplement au café du coin ou lors du repas familial. Une fois les candidats élus, les politiques mises en place sont scrutées, observées, commentées. Avec les limites que l'on connaît : promesses oubliées, citoyens sous informés, informations tronquées ou enjolivées, débat public monopolisé par quelques médias ou experts...

Depuis le milieu des années 1980, le numérique a porté son lot d'espoirs démocratiques. Aux yeux des inventeurs de l'ordinateur personnel, des réseaux numériques, des logiciels libres, l'asymétrie de pouvoir entre les élites et les citoyens est avant tout une asymétrie d'information et une raison première des faiblesses démocratiques. En libérant l'information, en l'autorisant à circuler largement, en permettant au simple citoyen d'être non plus consommateur mais également producteur d'information, en lui donnant la capacité de donner son opinion, voire de voter pas seulement occasionnellement pour déléguer son pouvoir à des représentants mais régulièrement sur des choix politiques, l'asymétrie doit naturellement se réduire. Cette utopie d'un approfondissement démocratique par le *free flow of information* est indissociable de l'histoire du numérique.

Près de trente ans plus tard, qu'en est-il de cet espoir ? Le numérique n'a pas été la source du « grand soir » démocratique, loin s'en faut, mais a permis l'émergence de nouvelles pratiques qui participent à secouer nos démocraties en crise. Avant d'observer le moment particulier du vote, prenons le temps de nous pencher sur celles qui sont liées plus spécifiquement aux données numériques et à la transparence qu'elles peuvent introduire dans l'espace démocratique. Une transparence amplifiée qui se construit en trois temps : des analystes mieux outillés, des foules productrices de (contre) information, des gouvernements moins opaques.

## Vérifier l'information : le *fact checking*

La validité de l'information, mise en débat, est une question centrale en démocratie. Impossible de passer de la simple opinion émotionnelle au jugement étayé sans s'appuyer sur des informations fiables. La période actuelle est caractérisée par une abondance informationnelle : les sources se sont multipliées ; aux médias traditionnels se sont ajoutés des médias sociaux ; les quantités d'informations disponibles ont explosé ;

le rythme de production de l'information s'est accéléré ; l'information nous atteint où que nous soyons – en quelques secondes une alerte sur notre téléphone mobile nous prévient d'un attentat à Jakarta ou à Tokyo.

Cette volatilité de l'information peut conduire à des manipulations inédites et parfois dangereuses. Rappelons-nous cette plongée du Dow Jones quand l'Associated Press avait annoncé par un tweet que « deux bombes avaient explosé à la Maison-Blanche blessant le président Obama ». Ce tweet, œuvre de pirates, a influencé en un instant des systèmes de *trading* automatique. Au final, le Dow Jones a décroché avant même que quelqu'un ait eu le temps de corriger l'information.

Les imprécisions, les erreurs, les mensonges se multiplient sur le web, et peuvent avoir des conséquences importantes comme on vient de le voir lors de l'élection présidentielle aux États-Unis. En réaction, on a vu fleurir dans les grands médias la pratique du *fact checking* (vérification par les faits). Les déclarations publiques, notamment celles des hommes et des femmes politiques, des experts de tous ordres, sont vérifiées de manière systématique. Aux États-Unis, le site PolitiFact est un des pionniers dans le domaine. Il a obtenu le prix Pulitzer en 2009 dans la catégorie *National reporting* « pour son examen de 750 déclarations faites durant la campagne pour l'élection présidentielle américaine de 2008 » (Wikipédia). En France, le *fact checking* a obtenu ses lettres de noblesse avec l'émission de télé *Arrêt sur Image* de Daniel Schneidermann, interrompue abruptement en 2007, et transformée depuis en site web. Mais les médias historiques n'ont pas le monopole de cette vigilance : des collectifs citoyens, des blogueurs, des médias alternatifs se prêtent à l'exercice.

## Produire une (contre) information : le *crowdsourcing*

Même en démocratie, il n'est pas rare de voir le pouvoir en place masquer certaines informations jugées trop contraires à ses intérêts ou à son idéologie. Combien de scandales rétrospectifs lorsque s'ouvrent les archives classées !

Cet enfouissement se heurte aujourd'hui à la capacité des « foules » à produire des données indépendamment des corps intermédiaires institués – gouvernement, médias, partis politiques, etc. Ainsi, après la destruction des réacteurs de la centrale nucléaire de Fukushima, un collectif a créé le site web Safecast sur lequel n'importe quel citoyen peut déposer des données sur la radioactivité, fournissant ainsi une information indépendante des industriels et du gouvernement japonais sur le degré de pollution radioactive et sa dangerosité. Il est loin le temps de Tchernobyl où le gouvernement français annonçait sans ciller que le nuage radioactif s'était arrêté aux frontières du pays ! Autre exemple plus récent, à l'automne 2016, les peuples autochtones du Dakota du Nord se sont mobilisés pour empêcher le passage d'un oléoduc en immédiate proximité de leur réserve et de leurs sites sacrés. Alors que la police avait eu l'autorisation d'utiliser des drones armés pour empêcher ces manifestations, les tribus ont choisi d'en employer à leur tour pour filmer les violences policières et apporter la preuve de leur propre pacifisme. Au même moment, des milliers de jeunes américains ont modifié leur géolocalisation sur Facebook pour se porter symboliquement aux côtés des tribus, détournant ainsi une information en signe de solidarité.

Par ailleurs, des sites de plus en plus nombreux s'attachent à produire collectivement une information réutilisable par tout un chacun, libre de droits intellectuels, placée en régime de partage d'usages que l'on appelle les « communs » ou « biens communs ». C'est le cas bien connu de l'encyclopédie Wikipédia, mais aussi du site de données cartographiques OpenStreetMap, ou encore de la base de données d'informations alimentaires Open Food Facts. Ce double système, production coopérative et partage de l'usage, contribue à la mise à jour rapide et à la validité de l'information puisque celle-ci peut être corrigée par tous. De plus, l'information ne répond plus aux finalités d'une entreprise ou d'un gouvernement spécifique, mais à celles du collectif qui assure la gouvernance du projet. Le plus souvent, ces collectifs poursuivent un objectif d'intérêt général, comme celui de contribuer aux communs de la connaissance.

## Libérer l'information publique : l'*open data*

Le numérique peut aussi contribuer à déverrouiller l'information de source publique. Grâce à une loi adoptée en 1978, dite « loi CADA », en France, les citoyens ont le droit de se faire communiquer un certain nombre de documents administratifs, et lorsque l'accès leur en est refusé, ils peuvent saisir la Commission d'accès aux documents administratifs. Depuis les années 2010, ce droit d'accès se transforme peu à peu en un droit à la réutilisation. Le citoyen n'a plus seulement le droit de consulter, il a également le droit de réemployer l'information publique à des fins autres que celles pour lesquelles elle a été initialement produite et collectée. C'est ce qu'on appelle l'*open data*. Ces finalités peuvent être entrepreneuriales. Par exemple, une entreprise qui construit des circuits touristiques pourra s'appuyer sur les données mises à disposition par une région, sans avoir à collecter de nouveau toute l'information *ex nihilo*. À côté des données strictement publiques, les données produites par des entreprises qui remplissent des missions de service public, notamment les entreprises de transport, sont progressivement ouvertes et donnent naissance à une ribambelle de services utiles dans notre quotidien. Par exemple, grâce entre autres à l'*open data*, Citymapper peut proposer, en temps réel, aux usagers, des itinéraires optimisés pour leurs déplacements en ville, en combinant les modes de transport (pour Paris, à pied, Vélib', métro, bus, RER, Autolib'...).

Mais l'*open data* peut aussi participer à instaurer plus de transparence dans les politiques publiques. Ainsi, lorsque les budgets des municipalités sont ouverts dans un format de données exploitable (c'est-à-dire pas en pdf), un observateur peut notamment les utiliser pour analyser l'évolution des subventions accordées aux associations par une municipalité, ou pour comparer les choix d'investissements d'une ville à d'autres. Le site OpenSpending présente les flux financiers de 75 pays de façon compréhensible pour un citoyen qui n'est pas un expert des finances publiques. Autre exemple, les Nations unies publient sur leur site data.un.org des informations consolidées à l'échelle mondiale aussi bien sur le taux de scolarisation des filles que sur l'évolution de l'éradication de la pauvreté. Ces données ouvertes nourrissent également le travail du *data* journalisme, un journalisme qui s'appuie sur les données et participe au *fact checking* mentionné précédemment.

Le mouvement d'ouverture des données, lancé initialement en 2009 par les États-Unis, puis rapidement suivi par le Royaume-

Uni, tend à se diffuser dans de nombreux États et collectivités locales.

Depuis 2012, le portail data.gouv.fr met à disposition les jeux de données des administrations françaises, et, depuis 2016, la loi pour une République numérique instaure le principe par défaut de l'ouverture gracieuse des données publiques, à quelques exceptions près comme les données culturelles. Cela n'a pas toujours été le cas. Le *scraping* a été beaucoup utilisé : il consiste à aller chercher des pages de texte sur un site et à retrouver plus ou moins automatiquement les informations qu'elles contiennent. Ainsi pendant plusieurs années, l'association Regards Citoyens a dû « scraper » les données produites par l'Assemblée nationale pour pouvoir alimenter le site NosDéputés.fr. Elle a ainsi pu fournir des analyses de l'activité des élus français, leur présence, leurs votes, leurs propositions de lois, etc.

En France, les collectivités de plus de 3 500 habitants sont maintenant contraintes d'ouvrir leurs données. Un principe qui constitue une contribution essentielle à une république plus transparente.

## Le paradoxe : des démocraties qui reculent

Alors que les technologies numériques respectent leur engagement en nous apportant un flot d'information inédit tant quantitativement que qualitativement sur les réalités des mondes sociaux et politiques, les démocraties, en Europe comme sur le continent américain et ailleurs, n'ont jamais semblé aussi fragiles. Les symptômes de cette fragilité sont multiples : abstention aux élections, replis identitaires et votes populistes, mobilisations citoyennes en désaveu des partis politiques traditionnels, installation de régimes d'extrême droite au cœur de l'Europe, confiscation du pouvoir législatif grec par les institutions européennes, répressions et violence étatique en Turquie, etc.

Notre propos ici n'est bien entendu pas de fournir une explication à ces phénomènes aux formes et aux causes multiples. Contentons-nous de quelques observations liées aux données et plus généralement aux informations.

Une première explication à cette régression peut être cherchée du côté de l'abondance même d'informations. Aux États-Unis, un site comme Breitbart au contenu souvent misogyne, raciste et xénophobe, est devenu une source principale d'information ; les sites « complotistes » prolifèrent. Mais tout cela semble passer inaperçu et les contre-vérités se répandent sans que les rectifications soient audibles. La recherche d'objectivité, voire d'une forme de véracité de l'information, semble décliner aussi vite que progresse le *fact checking*. L'élection présidentielle aux États-Unis de 2016 en est une illustration éclatante : alors que le candidat Donald Trump a multiplié tout au long de sa campagne les contre-vérités, et que les médias *mainstream* s'échinaient à rectifier ses dires, sa popularité n'a cessé de croître. Ses supporteurs, s'éloignant des médias institutionnels, perçus comme complices des élites, balançaient entre « Pour moi, il dit vrai » et « C'est faux, et alors ? ».

Autre lecture, cette situation paradoxale démontre que l'information seule est impuissante. Elle a besoin de s'ancrer dans des pratiques sociales, des aspirations individuelles et collectives pour faire sens, participer d'une transformation sociétale. Au cours du Printemps arabe, certains médias se sont extasiés sur le rôle joué par les réseaux sociaux dans les mouvements démocratiques, parlant même de « révolution par internet ». Une fois la vague médiatique retombée, les travaux de recherche ont montré que les médias sociaux avaient certes joué un rôle, mais essentiellement d'amplificateur, d'accélérateur, là où des formes de résistances sur le terrain s'étaient nouées, où des collectifs clandestins s'étaient organisés, où les foules s'étaient réunies sur les places publiques. C'est quand elle rencontre des mouvements sociaux que l'information révèle vraiment sa puissance démocratique.

Certains expliquent le recul démocratique en régime d'abondance informationnelle par la passivité des foules, leur inappétence pour la chose publique et politique. On notera d'abord le fait qu'une partie de la population, la plus pauvre, agit en logique de survie, ce qui lui laisse peu de temps et d'énergie pour l'investissement citoyen. Même pour ceux qui ne sont pas en situation de grande précarité, le quotidien fournit son lot de soucis pour préférer se plonger le soir dans un jeu ou une série télé plutôt que dans un site web politique ou un débat citoyen.

## — De l'information à la participation

Une autre explication tient du sentiment d'absence de prise sur la réalité politique. C'est paradoxalement encourageant. Encourageant, car partout où les citoyens ont au contraire la possibilité de voir les effets de leurs engagements, les initiatives fleurissent. L'innovation sociale, c'est-à-dire des réponses portées par des collectifs citoyens à des besoins que ni les acteurs du marché ni la puissance publique ne couvrent, s'épanouit alors dans les territoires. La croissance du nombre d'associations dans ce domaine témoigne de cette effervescence citoyenne. Organisations de circuits courts de consommation, jardins partagés, création de tiers-lieux (*fablabs*, *coworking*, *hackerspaces*...), création d'entreprises à gouvernance démocratique, réappropriation d'espaces publics urbains vacants pour y faire pousser des comestibles, etc. ; les exemples d'engagements locaux fourmillent. En France, le succès du film *Demain*, sorti sur les écrans en décembre 2015, est à cet égard significatif.

Le numérique joue sa partition dans ce concert d'initiatives. Les plateformes de *crowdfunding* comme Humaid ou Babeldoor facilitent le financement participatif de projets artistiques, scientifiques ou solidaires. Le réseau Open Source Seeds permet aux paysans de partager en *open source* le génome des semences, remédiant ainsi à un système de propriété intellectuelle verrouillé par les semenciers. Emmaüs a lancé un équivalent du Bon Coin pour vendre les objets d'occasion collectés par les compagnons de l'association. Open Food Network est une plateforme mobilisable par tout collectif qui cherche à organiser la distribution alimentaire sur un mode plus durable (circuit court, achat groupé, distribution bio…). Au Kenya, des paysans utilisent des capteurs pour analyser la qualité de leur terre sans dépendre d'un laboratoire. Des plateformes comme ShareVoisins permettent d'organiser des échanges de proximité, Mutum facilite le prêt de matériel à proximité, Warmshowers permet au cycliste randonneur de trouver un hébergement gratuit pour une nuit ou deux.

Dans tous ces dispositifs numériques, l'information joue un rôle essentiel, car elle permet d'organiser de nouvelles formes d'échanges, de faire émerger de nouvelles sociabilités ou se rencontrer les énergies transformatrices. Mais ces innovations sociales et numériques se heurtent à une double limite. D'une part, elles réussissent localement mais ne passent pas à l'échelle pour s'attaquer à des problèmes au niveau national ou international. De plus, elles restent aux portes du politique proprement dit, dans la mesure où elles n'impactent pas nos modèles de gouvernance et ne permettent pas de renouveler en profondeur la démocratie représentative.

En 2015-2016, une première initiative gouvernementale a cherché à dépasser ces limites. La loi pour une République numérique a été élaborée au terme d'un long processus consultatif. Dans un premier temps, le Conseil National du Numérique (CNNum) a été chargé de faire remonter des propositions, à travers un processus de consultation en ligne doublé de nombreuses réunions aux quatre coins de la France. Sur la base de ce matériau, le gouvernement a élaboré un projet de loi qui, à son tour, a été mis en ligne et soumis à commentaires et à suggestions. Le tout a ensuite repris le parcours législatif habituel, passant successivement devant l'Assemblée nationale et le Sénat. Cette première en France fait l'objet d'un bilan mitigé. Les critiques portent essentiellement sur l'appauvrissement du texte au regard des propositions et des attentes des internautes, sur la disparition de certains articles qui bénéficiaient d'un fort soutien en ligne. Il n'en demeure pas moins que le processus a ouvert une brèche ; en contribuant à mettre la fabrique de la loi sur la place publique, il introduit une forme de transparence quant aux positions des lobbys et des acteurs de la société civile.

C'est aussi pour répondre à ce problème de transformation de la démocratie représentative qu'on voit fleurir actuellement une série d'outils qui se qualifient eux-mêmes de *civic techs*. Leurs objectifs sont les suivants : rapprocher les élus des citoyens, permettre à ces derniers de faire entendre leur voix dans l'espace public, de sortir d'une forme de passivité pour orienter directement des choix politiques, ouvrir le chemin à une démocratie participative, etc. Plateformes de pétition comme Change.org ou MesOpinions.org ; sites de propositions d'idées, de débat, de soumission d'amendements, de votes autour de propositions comme Stig, DemocracyOS ou Baztille; comparateurs de programmes comme Voxe.org; outils de mobilisations à l'image de Fullmobs; plateformes de dialogue et d'interaction entre élus locaux et électeurs comme Fluicity ou City2Gether... L'écosystème des *civic techs* est en pleine effervescence. Il est trop tôt pour dire si cela permettra de véritablement renouveler nos pratiques démocratiques, mais la dynamique est intéressante.

Loin de ces outils clés en main, les mouvements sociaux qui ont émergé depuis la crise financière de 2008, comme les Indignés en Espagne, Occupy Wall Street aux États-Unis, ou plus près de nous Nuit debout, se sont fortement appuyés sur les réseaux numériques, à la fois pour imaginer des modes de gouvernance plus horizontaux et pour outiller leur organisation opérationnelle.

Là encore, comme dans les initiatives d'innovation sociale ou de *civic tech*, ce ne sont pas tant les *data* proprement dites que les technologies numériques au sens large et leur capacité à fluidifier le partage d'information, à ouvrir des espaces de débats qui tentent de redonner du souffle à nos démocraties.

## Le marketing des élections

En attendant que les pratiques de démocratie participative se fraient un chemin dans nos gouvernances, le temps du vote demeure un moment essentiel de nos vies démocratiques.

Dès les années 1990, certains ont vu dans le vote électronique via des machines installées dans les bureaux de vote d'une part, et dans le vote en ligne d'autre part, un double levier de transformation du processus : leurs promoteurs espéraient faire baisser le taux d'abstention, voire pour les plus utopistes multiplier les sujets soumis à votation, impliquant ainsi les électeurs à échéance régulière dans les choix politiques. Vingt ans plus tard, leurs usages demeurent restreints et ce sont surtout les limites de ces dispositifs qui s'imposent : les machines physiques sont proposées par des sociétés privées et utilisent des logiciels propriétaires opaques, soulevant à échéances régulières des doutes sur leur sécurisation et les risques de manipulation associés.

Pendant ce temps-là, d'autres usages du numérique ont explosé : les techniques du marketing publicitaires ont été importées dans les campagnes électorales et des outils toujours plus précis, inspirés des CRM, les logiciels de gestion de la relation client des entreprises, s'appuient sur les données pour cibler les électeurs à démarcher. Le tournant date de la première campagne de Barack Obama en 2008. Son équipe a su marier les méthodes du *community organizing*, le démarchage au porte-à-porte, avec des outils informatiques, le tout appuyé sur un message politique fort autour du « changement réalisé en commun ». La technologie a aidé à faire passer ce message ainsi qu'à construire une communauté de militants et à récolter des fonds. L'outil principal utilisé a été Catalist, une base de données qui, selon la fondation Terra Nova, répertorie 220 millions d'Américains avec jusqu'à 600 informations par personne. Les données ont ainsi constitué un élément déterminant de l'élection du président démocrate.

Depuis 2008, ces logiciels destinés à améliorer la gestion des campagnes électorales se sont multipliés. En France, le logiciel NationBuilder a été utilisé en amont des présidentielles de 2017 par la plupart des candidats à la primaire de la droite et du centre, mais aussi par l'équipe de campagne de Jean-Luc Mélenchon. Le logiciel français 50+1 est utilisé par le mouvement En marche ! d'Emmanuel Macron. Ces outils permettent à la fois de construire le site web du candidat, d'organiser les donations et la levée de fonds, mais surtout d'animer la communauté de sympathisants et des cibles potentielles, de communiquer. Ils s'appuient sur une base de données qui rassemble les adhérents, les visiteurs des sites du parti et des candidats, à qui des messages personnalisés sont envoyés, sous forme de SMS, de tweets automatisés, ou encore de messages vocaux. Certains de ces outils permettent également de cartographier un territoire pour identifier les zones abstentionnistes et repérer la couleur politique de chaque quartier afin d'orienter le porte-à-porte.

Des acteurs politiques commencent à croiser ces bases de données avec d'une part les listes électorales qui sont en *open data*, donc librement réutilisables, et d'autre part des données issues des médias sociaux. L'outil peut par exemple partir du nom d'un adhérent ou d'un prospect déjà présent dans ses fichiers pour enrichir son profil à partir d'informations récoltées sur Facebook, ou, inversement, glaner le nom d'une personne qui commente un post du candidat sur Twitter pour l'ajouter à ses listes.

Ces nouvelles utilisations peuvent soulever des problèmes. En effet, les données liées aux opinions politiques sont extrêmement sensibles, et leur usage est strictement encadré par la loi de 1978 « Informatique et Libertés » ; il nécessite notamment le recueil du consentement préalable de la personne. Des dérapages sont apparus. Ainsi les militants qui faisaient campagne pour Nicolas Sarkozy à l'automne 2016 auraient utilisé pour le porte-à-porte une application mobile Knockin qui leur permit de géolocaliser les internautes ayant aimé ou partagé des publications liées à l'ancien président. C'est en recoupant les informations obtenues entre autres sur les médias sociaux que les adresses auraient été identifiées. Les soupçons étaient suffisamment importants pour que la CNIL décide d'ouvrir une enquête sur le sujet. L'objectif de tels contrôles n'est certainement pas d'empêcher l'usage de ces nouveaux outils dans notre vie démocratique, mais de les encadrer afin d'éviter que cela n'empiète sur nos vies privées et ne participe à construire une société de surveillance.

# 9. Surveillance de masse

Pour bien gouverner, les gouvernants doivent disposer d'informations : comment évolue la précarité, quels sont les besoins en maisons de retraite ou en crèches, quelle est la taille de la population carcérale, etc. Les données permettront de suivre au plus près les activités de la ville, de la région, du pays, pour optimiser le fonctionnement des services publics, prévoir des infrastructures nécessaires au développement des territoires ou encore pour améliorer la sécurité des citoyens.

Cette information numérique nécessaire pour bien gouverner peut cependant conduire à une surveillance abusive des citoyens. La surveillance des individus par les gouvernants n'est certainement pas une invention récente. Les services de police et de renseignement ont de tout temps surveillé des « suspects », une notion plus ou moins lâche suivant la nature du régime. Mais en s'appuyant sur le numérique, cette surveillance peut devenir massive, intrusive, anxiogène, et au total empiéter sur la vie privée de chacun, attenter aux libertés publiques et fragiliser les démocraties.

Le combustible d'une telle surveillance généralisée, ce sont nos données personnelles que nous dispersons aux quatre vents du web et de nos communications. Les gouvernements y ont-ils accès ? Une loi peut les autoriser sous certaines conditions à se servir chez les fournisseurs de services internet, comme ce fut par exemple le cas du *Patriot Act* de 2001 aux États-Unis ; une autre à aspirer les conversations téléphoniques à l'aide de fausses antennes-relais (IMSI-catcher), comme la loi relative au renseignement de 2015 en France.

## Un changement d'échelle radical

On peut argumenter qu'un suspect ne pouvait, dans le temps, rien cacher à une enquête de police. Certes. Mais, ce qui a changé, c'est qu'il est devenu possible aujourd'hui de surveiller massivement *toute* la population. Tout le monde utilise les services de télécommunications et les services sur internet, aussi pouvons-nous potentiellement tous être surveillés, alors même que nous ne sommes pas suspects.

Avec la surveillance de masse, tout le monde est suspect *a priori*. Des algorithmes cherchent à isoler dans la population les personnes ayant des comportements jugés équivoques, par exemple un terroriste qui serait assez naïf pour commander ses kalachnikovs à un vendeur patenté, ou un pédophile qui consulterait depuis son ordinateur personnel des agences de voyages douteuses sans passer par un proxy anonymiseur (un service permettant de naviguer anonymement sur le web).

Ainsi la loi relative au renseignement autorise les Renseignements généraux, en cas de menace terroriste, à installer chez les opérateurs de téléphonie et chez les fournisseurs d'accès à internet des dispositifs d'analyse automatique des données (« boîtes noires ») qui sont censés surveiller le trafic pour y détecter des comportements suspects. L'utilisation d'un réseau de connexion comme Tor (voir chapitre 12), qui permet de naviguer *incognito* sur le web, peut dès lors être repérée et devenir source de suspicion, alors même qu'on y aurait eu recours pour des raisons tout à fait légitimes – un journaliste pourrait ainsi chercher à protéger ses sources.

Osons une analogie : de nombreuses personnes écrivaient des lettres au XXe siècle ; il aurait suffi de consulter toutes les enveloppes des lettres postées, le nom de l'émetteur comme du destinataire, la date et le lieu d'envoi, pour y trouver des informations sur des personnes susceptibles d'atteindre à la loi. À l'époque, les services de renseignement n'avaient pas les moyens de réaliser systématiquement une telle tâche. Aujourd'hui, grâce aux ordinateurs et aux analyses de données massives, c'est devenu possible !

Dans l'arsenal sécuritaire, les caméras de vidéoprotection doublées de la technologie de reconnaissance faciale occupent une place de choix. À moyen terme, il est plausible qu'une balade anonyme dans l'espace public devienne impossible. Pour cela, un gouvernement doit disposer d'une base de données avec les photos de tous les citoyens, ou pouvoir accéder aux bases d'acteurs du web comme celles des médias sociaux. Il lui suffit alors de confronter une photo prise en rue par une caméra avec le fichier pour identifier la personne. Il s'agit d'un scénario possible puisque le principe d'un tel fichier a été adopté par décret en novembre 2016, et son déploiement lancé dans la foulée. Si, pour l'heure, un tel usage est formellement interdit, qui sait ce que l'avenir nous réserve ?

---

### FICHIER TES - TITRES ÉLECTRONIQUES SÉCURISÉS

Fin 2016, le gouvernement français a décidé d'étendre par décret le fichier qui rassemble les informations relatives aux passeports, ce qui concerne 12 millions de Français, à l'ensemble des détenteurs de cartes d'identité, soit environ 60 millions de citoyens. Ce fichier comporte les informations sensibles que sont les données biométriques, les photos, les empreintes digitales, la taille…

En principe ce fichier n'est destiné qu'à l'authentification des personnes, c'est-à-dire à vérifier qu'une personne est bien la personne qu'elle prétend être, au moment du renouvellement du titre par exemple. Et l'État n'a, en théorie, pas le droit de s'en servir à des fins d'identification, autrement dit pour tenter de retrouver l'identité d'une personne.

La CNIL, comme de nombreuses personnalités, s'est émue du choix technique effectué, qui ne protège pas par défaut contre un processus d'identification. Elles considèrent qu'à terme l'interdiction juridique pourrait être levée, soit sous l'effet d'un contexte émotionnellement chargé comme un attentat, soit par un gouvernement peu regardant sur la protection des libertés publiques. Un tel accès permettrait alors au pouvoir en place, par exemple, de retrouver un manifestant à partir d'une photo, ou le participant à une réunion d'opposants à partir d'une empreinte digitale.

Notons également qu'un tel fichier rend quasi impossible les formes classiques de résistance à un régime totalitaire, par exemple des résistances comme celle contre le régime nazi pendant la Seconde Guerre mondiale. Ce faisant, un tel fichier déséquilibre véritablement les rapports entre le gouvernement et le citoyen.

## Une succession de lois qui rognent nos libertés

Loi de programmation militaire, loi renforçant la lutte contre la prostitution et loi pour l'égalité entre les femmes et les hommes instaurées en 2013, loi relative au renseignement en 2015, loi de lutte contre le crime organisé et le terrorisme et décret d'extension du fichier TES en 2016... Tous ces textes contiennent des dispositions qui rognent un peu, beaucoup ou passionnément les libertés publiques en utilisant le numérique. Comment expliquer un tel enchaînement ?

Le contexte d'adoption joue un rôle essentiel. La succession d'attentats terroristes qu'a connus la France avec leurs conséquences dévastatrices justifie sans équivoque que les mesures de protection soient renforcées. Mais survient le moment où la lutte contre le terrorisme passe du statut de finalité légitime à celui de prétexte pour faire accepter aux populations traumatisées des mesures disproportionnées. Le numérique, la collecte de données, les algorithmes d'analyse proposent de nouveaux moyens d'action. Les élus se jettent dessus, sans disposer des compétences techniques pour opposer des arguments aux vendeurs de solutions qui voient là de nouveaux marchés juteux s'ouvrir à eux. Ils le font bien souvent sans prendre en considération les implications sociétales. Loi après loi, la recherche d'équilibre entre sécurité et liberté semble tomber aux oubliettes.

L'efficacité même des dispositifs, souvent coûteux, n'est pourtant pas flagrante. Les retours sur la surveillance de masse menée aux États-Unis ne semblent pas totalement convaincants, même s'il est difficile de se faire une opinion fondée puisque les évaluations sont gardées secrètes, ce qui est en soi une partie du problème. Plus grave, les risques qu'ils font peser sur nos libertés se multiplient. Par exemple, une personne peut être considérée comme suspecte juste par un mauvais hasard statistique, ce qu'on appelle les « faux positifs », parce qu'elle habite le même immeuble qu'un terroriste, qu'elle est l'homonyme d'un autre, qu'elle fréquente le mauvais café, etc.

Des quantités de plus en plus importantes de données personnelles sur de « bons et honnêtes citoyens » se retrouvent sur les serveurs des services de renseignement. La formule médiatique de « connus des services de police » ne signifie alors plus rien de concret. Personne ne peut promettre que ces données ne seront jamais utilisées car nombreux sont ceux qui y ont ou y auront accès. Anecdotiques et presque drôles sont les cas dits de *loveint* (pour *love intelligence*) : il s'agit d'officiers de renseignement qui utilisent leurs accès aux données pour espionner des personnes dont ils sont amoureux. Beaucoup plus inquiétantes pourraient être les recherches effectuées sur les opposants politiques au sein de cette masse d'informations. Dans les régimes non démocratiques, le risque est avéré. Mais *quid* des pays dits démocratiques ? Qui peut garantir que demain les gouvernants souscriront pleinement aux valeurs démocratiques déjà parfois mises à mal aujourd'hui ?

Plus grave encore, comment nos comportements vont-ils être infléchis si nous nous savons observés en permanence ? Allons-nous vivre dans la peur de l'autre, nous autocensurer dans nos prises de parole, nous autolimiter dans nos déplacements, amitiés, choix de vie, par peur de ne plus être conformes ? C'est véritablement la liberté d'être nous-mêmes qui est en question.

La seule manière de résister à cette dérive consiste à remettre ces sujets au cœur du débat public, au moment des élections bien entendu, mais aussi dans tous les temps démocratiques. La menace terroriste ne doit pas nous conduire à un endormissement généralisé qui se traduirait par un abandon de nos libertés fondamentales ; ce serait donner raison à ceux qui n'ont d'autre raison d'être que la violence aveugle.

---

## Palantir Technologies

Palantir Technologies est une entreprise spécialisée dans l'analyse de données massives, basée à Palo Alto en Californie. Elle domine le marché des données dans le renseignement, aux États-Unis avec des clients comme la NSA, la CIA, ou le FBI, et dans d'autres pays, récemment en France avec la DGSI (Direction générale de la sécurité intérieure). Faut-il s'inquiéter que des données aussi délicates que celles du renseignement français terminent dans les ordinateurs d'une société proche depuis ses débuts de la CIA ?

Dans le cadre du renseignement, l'entreprise commercialise le logiciel d'analyse de données « Palantir Gotham ». « Palantir » fait référence au *Seigneur des Anneaux*. « Gotham », un des surnoms de New York, nous amène à la bande dessinée, notamment *Batman*. Ces termes s'accordent avec le style détendu, *geek*, du fonctionnement de l'entreprise. Pour faire oublier le monde du renseignement ?

# 10. Pour une analyse responsable

Dans de nombreux domaines, scientifiques ou non, les données s'accumulent et les puissances de calcul pour les analyser sont à présent disponibles. L'analyse de données peut avoir des effets positifs considérables, des sciences à notre vie sociale. Mais cela ne doit pas se faire au détriment de certains idéaux de justice. Par exemple, un biais volontaire ou involontaire dans une analyse de données peut conduire un algorithme à décider de refuser injustement un prêt à une personne, ou choisir d'affecter tout aussi injustement un étudiant plutôt qu'un autre à une université. Cela ne doit pas nuire non plus à des équilibres économiques fragiles. Par exemple, avec des analyses de données biaisées, un système de recommandation peut arbitrairement favoriser un service proposé sur le web au détriment d'un autre. Les analyses de données se doivent d'être « responsables ». Cette responsabilisation des acteurs qui font tourner les algorithmes se construit autour de cinq grands principes : la neutralité, la loyauté, la diversité, la transparence et l'équité, qui, dans les faits, sont étroitement imbriqués les uns aux autres.

## Neutralité des réseaux

La neutralité du réseau internet exige que le réseau transporte des données toujours de la même manière quels que soient l'émetteur, le destinataire et le contenu. Que ce dernier soit un mail léger en octets ou une vidéo qui consomme beaucoup de capacité réseau, que la source soit un simple individu ou une grosse entreprise et le destinataire un artiste ou la NASA, l'acheminement doit se faire à conditions égales. Le but de ce principe est d'éviter que le réseau ne devienne une jungle où les plus grands écrasent les petits, et d'établir une forme de « justice » sur internet. Sans cette neutralité, rien n'empêcherait les plus grosses sociétés d'établir des accords entre elles – par exemple, entre fournisseur de réseau et fournisseurs de services – en défaveur des plus modestes.

Ce principe est souvent répété mais il n'est pas toujours respecté. Nous avons pu par exemple assister en France en 2015 à un bras de fer entre Free et YouTube. Le premier ralentissait le débit pour la diffusion des vidéos du second, voulant ainsi forcer YouTube à partager le fruit des visionnages de vidéos, arguant du fait que celles-ci consomment beaucoup de capacité réseau et obligent le fournisseur d'accès à investir massivement sans en retirer de bénéfices. Google, la maison mère de YouTube, a fini par céder, et un accord financier a été signé. Le sujet du partage des revenus de YouTube semble bien loin des préoccupations du citoyen ordinaire. Et pourtant… Ce type d'accord secret pourrait contenir des clauses anticoncurrentielles qui pénaliseraient d'autres acteurs. Cela peut créer un internet à deux vitesses. Les bouquets de services ne seront plus les mêmes selon le fournisseur d'accès choisi, comme c'est déjà le cas pour la télévision.

Aujourd'hui, le principe de neutralité du réseau est *grosso modo* respecté sur le réseau fixe, dans les foyers. Mais ce n'est pas le cas sur les réseaux mobiles, où se multiplient les accords dits de *zero-rating*. Cela signifie que lorsqu'un client de l'opérateur mobile accède au service du partenaire, cette consommation n'est pas défalquée de son forfait. Par exemple, si Facebook a signé un accord avec un opérateur télécom, la visite du site ne sera pas déduite du forfait, alors que la visite d'un autre média social le sera, introduisant ainsi un biais entre les deux réseaux et entre les utilisateurs.

Supposons maintenant que cette neutralité du réseau soit garantie. Tous les utilisateurs des services sur le web sont-ils pour autant traités de façon égale ? Oui, si et seulement si un second principe, celui de loyauté, est respecté.

## Loyauté des plateformes

On parle de loyauté des moteurs de recherche, des systèmes de recommandation et plus généralement des plateformes numériques lorsque ces entreprises se conforment à ce qu'elles annoncent, lorsqu'elles rendent le service à l'internaute dans des conditions non biaisées. Par exemple, un service de e-commerce culturel qui annonce qu'il recommande des livres en fonction des achats des autres internautes ne doit pas pousser sans le dire un ouvrage pour lequel il aurait passé un accord commercial avec un éditeur. Plus généralement, lorsqu'un service trie des informations, il doit le faire pour répondre aux besoins de l'internaute et non pour satisfaire son propre intérêt marchand.

Pourquoi la loyauté constitue-t-elle un élément essentiel de notre liberté ? L'analyse des données du web et des comportements des internautes est utilisée par les moteurs de recherche pour classer les résultats présentés à leurs utilisateurs. Sachant qu'un internaute consulte rarement plus loin que la première page de réponses, nous comprenons l'importance de ces classements. En choisissant de placer ou pas un site web parmi ces réponses, le moteur de recherche influence les choix de services, d'achats, etc. Or la plupart des données et la puissance d'analyse sont concentrées dans les mains de quelques entreprises qui, par ailleurs, s'étendent sur plusieurs services et activités. En biaisant leurs résultats, ces entreprises auraient les moyens d'éliminer toute concurrence dans des pans entiers de l'économie et de guider nos achats.

Mais cela dépasse les seules questions des services marchands et de la liberté du consommateur. Cela nous concerne également en tant que citoyens. En effet, ces plateformes recommandent également des articles de presse, des films, des livres, des musiques, des blogs… Ce qui influence nos opinions, nos croyances, nos savoirs, notre ouverture ou fermeture d'esprit.

De grandes plateformes du web qui violeraient la loyauté, est-ce de la science-fiction ? Pas du tout. Google a déclaré pendant longtemps que son moteur de recherche ne favorisait pas ses propres services. Les concurrents des services fournis par Google en doutaient. Mais il fallait qu'une autorité s'empare du sujet et effectue un audit. La Commission européenne l'a fait, et a accusé Google de favoriser ses propres services. Cette problématique est d'autant plus lourde que nous sommes dans un contexte souvent quasi monopolistique (voir chapitre 7). Quand un moteur de recherche du web contrôle 90 % du trafic en Europe, où est le libre choix ? Quand nous n'avons quasiment d'option qu'entre deux systèmes d'exploitation pour la téléphonie mobile, Apple ou Google, où est la liberté du consommateur ? Il y a alors concurrence déloyale entre les acteurs économiques, et potentiellement un service déloyal vis-à-vis des utilisateurs.

## Diversité

Si l'argument en faveur de la loyauté est simple, nous pouvons attendre des plateformes du web quelque chose de plus difficile à préciser : la diversité. Les moteurs de recherche ou les systèmes de recommandation, par exemple, privilégient la popularité. Les choix statistiquement moins importants se retrouvent donc marginalisés. Prenons le cas d'une recherche des pages parlant de « jaguar ». Cela concerne des animaux, mais aussi des voitures, ou encore une équipe de football américain (les *Jacksonville Jaguars*). Quand nous posons la requête « jaguar », les pages sur les voitures « écrasent » les autres, celles sur le football devenant quasi introuvables. Introduire de la diversité dans les résultats doit permettre aux internautes qui effectuent des recherches sur un sujet peut être moins populaire d'accéder à l'information sans être obligés d'affiner leur requête. À l'inverse, l'absence de diversité peut conduire à des frustrations, certains résultats ne rentrant jamais dans le haut de classement ou dans la page d'accueil de notre média social. Une telle homogénéité peut provoquer un rétrécissement de l'horizon informationnel pour les individus, voire des replis communautaires. Elle peut nous pousser à ne regarder que ce qui nous ressemble, alors que l'usage de la diversité peut encourager la sérendipité. La sérendipité est le fait qu'un résultat qui ne s'imposait pas *a priori* comme le plus évident se révèle néanmoins intéressant, stimulant ainsi notre curiosité à aller consulter des pages nouvelles, à nous confronter à des idées différentes.

La personnalisation des résultats n'est pas nécessairement la réponse à cette problématique de diversité. La personnalisation est à l'origine une source de simplification pour l'utilisateur : quand une personne cherche un médecin ou un restaurant sur le web, elle apprécie que les résultats s'affichent en fonction de sa localisation. Mais poussée sans précaution, cette personnalisation peut participer d'une réduction de notre univers, à un isolement de l'internaute dans un web qui lui est spécifique, ce que l'on appelle sa « bulle informationnelle » (*filter bubble*).

On le voit, que ce soit par des pratiques abusives ou au nom de l'efficacité et de la simplicité du service, les plateformes ont les moyens d'orienter nos manières d'être dans un monde connecté, et peuvent ainsi participer à restreindre notre liberté de choix et notre libre arbitre. Ce qui finit par atteindre nos droits fondamentaux.

## Équité

L'équité, qui par certains côtés s'apparente à la loyauté, la dépasse pourtant. La loyauté concerne la relation entre un individu et un algorithme ; l'équité questionne le traitement d'un individu par rapport à d'autres individus, ou un ensemble d'individus par rapport à un groupe social. Pour qu'un traitement de données soit équitable, il ne doit pas induire de discrimination entre des individus selon des critères cachés, illégaux ou illégitimes, qui répondraient aux intérêts de ceux qui manipulent les données.

Ce biais peut être introduit dès le départ, dans le choix des données brutes à collecter et à analyser. Par exemple, dans le cadre d'une étude générale sur la criminalité, une personne qui cherche à en gonfler les chiffres va choisir uniquement des données provenant de quartiers difficiles.

Un biais peut également provenir des calculs, qui modifient intentionnellement ou non le résultat. L'utilisation de certaines variables sensibles, comme l'origine ethnique, les orientations politiques ou sexuelles, est le plus souvent interdit par la loi. Pourtant, un algorithme peut reconstruire *a posteriori* les valeurs de telles variables, pour ensuite obtenir des résultats basés sur ces valeurs, entraînant des discriminations. Par exemple, une université publique n'est pas supposée utiliser de critère religieux pour sélectionner ses étudiants ; de tels éléments ne figurent pas dans leur fiche de candidature. Si ce critère est reconstitué sur la base de l'analyse des noms de famille (la probabilité que certains noms soient rattachables à la religion juive ou musulmane est élevée même si elle n'est pas parfaite) et que l'analyse s'appuie ensuite sur ce critère pour sélectionner, nous sommes à l'évidence face à un comportement non éthique. Les résultats d'un algorithme d'analyse de données peuvent finalement refléter davantage les préférences politiques, idéologiques, religieuses, ou les intérêts commerciaux de ses concepteurs que la réalité qu'ils sont censés capturer ou traiter.

Avec l'exemple de la sélection des étudiants par une université publique, nous sommes face à une pratique clairement illégale. Mais, parfois, certains comportements discriminants peuvent s'effectuer dans un cadre parfaitement légal, tout en heurtant notre conception de l'éthique, ce qui rend encore plus difficile leur encadrement. En effet, les définitions de ce qui est éthique ou non, équitable ou non, ne font pas nécessairement consensus. C'est une question éminemment politique, au sens fort du terme, qui doit être traitée en amont des choix techniques. Ainsi, plusieurs formes d'équités peuvent entrer parfois en conflit, notamment parce que l'équité ne se ramène pas nécessairement à l'application d'une règle d'égalité. Pour reprendre l'exemple de l'université, on peut vouloir favoriser l'admission dans des filières sélectives de populations socialement défavorisées – l'objectif poursuivi est alors l'équité de groupe, une forme de justice sociale, au nom du mérite. C'est cette justice sociale qui est revendiquée quand Sciences Po Paris avantage les lycéens venant des Zones d'éducation prioritaire, ou quand on facilite l'accès des filles aux filières informatiques. Cela peut paraître juste qu'avec des notes similaires à celles d'un élève venant d'un milieu privilégié, l'élève qui a grandi dans un environnement familial et social difficile soit favorisé. Mais cela s'oppose à une autre forme d'équité, l'équité individuelle. Ce qui compte *in fine*, c'est la transparence sur les choix opérés dans l'analyse : la décision, qu'elle soit effectuée par un jury d'humains ou par un algorithme, doit fonctionner selon des critères qui sont le fruit d'un consensus social, et non selon le choix opaque de quelques individus isolés.

Enfin, même lorsque l'analyse opère dans un cadre légal et selon des critères *a priori* éthiques, le résultat peut conduire à des paradoxes. On s'est ainsi aperçu en 2013 à l'université de Berkeley que les femmes qui candidataient pour des cycles d'études supérieures (*Graduate studies*) avaient de moins bons résultats que les hommes. Mais en étudiant les chiffres de plus près, on a compris que les femmes avaient des résultats aussi bons voire meilleurs que les hommes dans presque tous les départements, et que leurs résultats n'étaient inférieurs qu'à l'échelle de l'université : elles candidataient beaucoup dans les départements les plus sélectifs. Le système de sélection des étudiants était donc équitable pour les deux groupes (femmes et hommes) au niveau des départements mais inéquitable au niveau de l'université ! Cet exemple illustre bien la difficulté à spécifier l'équité dans des situations concrètes.

## Transparence des algorithmes

Un algorithme est transparent quand son fonctionnement est clairement expliqué, et quand les données qu'il manipule sont précisées. La transparence d'un algorithme permet de vérifier les choix qu'il fait, les décisions qu'il prend. Le principe de transparence des algorithmes est ainsi étroitement lié à celui de loyauté et d'équité.

Quand, par exemple, un service déclare qu'un logiciel est équitable, les critères d'équité doivent être publiquement énoncés. C'est indispensable pour qu'ils puissent être approuvés ou débattus. Il est évidemment indispensable que les résultats du logiciel puissent être vérifiés pour s'assurer que le logiciel suit bien les critères annoncés, et qu'il n'obéit pas dans le même temps à quelques autres critères secrets.

Nous disposons d'excellents exemples de transparence avec les données de la recherche. Les scientifiques réalisent depuis longtemps des expériences, puis en publient les résultats. Les usages de la recherche consistent à expliquer comment les données ont été obtenues et quels calculs ont ensuite été réalisés sur celles-ci. C'est ainsi qu'un autre scientifique peut se convaincre de la valeur des résultats ou le cas échéant les réfuter. Les expérimentations doivent être « reproductibles » pour que les résultats soient considérés comme valides : cela ne garantit en aucun cas qu'il n'y a pas d'escrocs parmi les scientifiques. Des « affaires » de données truquées éclatent régulièrement. Mais la transparence dans l'expérimentation facilite la détection des escroqueries.

Pour revenir au monde du web, prenons l'exemple récent de Google qui essaie de répondre aux exigences de transparence de ses utilisateurs. Ceux-ci s'interrogeaient sur les critères suivis pour leur exposer de la publicité ciblée. Google a mis en place le service Google Ads (« Publicité Google ») qui est censé permettre à l'internaute de savoir quels critères ont été utilisés, et même d'agir dessus. Des chercheurs de l'université de Carnegie-Mellon ont construit un logiciel, AdFisher, qui permet de tester Google Ads, notamment en créant des internautes fictifs. Google Ads nous propose sur la page « Préférences » la liste de nos intérêts… selon eux. Les résultats de la recherche universitaire sont plus mitigés. Commençons par les bonnes nouvelles. Supposons que Google ait déterminé que nous sommes philatéliste (à tort ou à raison, cela n'a pas d'importance), et que nous indiquions dans nos préférences sur Google Ads que nous ne voulons plus de publicité en lien avec les timbres postaux, nous n'en recevrons plus. Moins positif, les chercheurs ont déterminé que le système utilisait pour ses recommandations des critères « non visibles dans la liste », comme le genre. Par exemple, si le système a déterminé que l'internaute est un homme, les salaires des offres d'emploi qu'on lui proposera seront plus élevés que pour une femme. Tout en soulignant l'effort rare de transparence proposé par Google Ads, il faut en observer les limites. Tout n'est pas dévoilé…

Ce principe de transparence n'est pas pour autant la panacée. Dans de nombreux cas il est impraticable. D'abord pour des raisons économiques : cela peut toucher au secret de la marque, le divulguer permettrait à une autre entreprise de reproduire un algorithme qui est le fruit d'un effort industriel parfois phénoménal, et ferait perdre à l'entreprise tout avantage concurrentiel. Ensuite pour des raisons très pragmatiques : un algorithme dévoilé est un algorithme qui peut être manipulé. Imaginons un instant que l'algorithme de classement des résultats du moteur de recherche de Google soit rendu public : les acteurs économiques se lanceraient dans une guerre du référencement pour remonter dans le moteur, faussant ainsi les résultats. Certains, notamment les avocats de Google, expliquent ainsi l'absence limitée de transparence pour cet algorithme : il s'agit de compliquer la vie de ceux qui cherchent à manipuler le référencement. Pour d'autres, l'absence de transparence tient ici principalement du souhait de Google de pouvoir manipuler tranquillement ce classement.

Reste que le secret d'un algorithme est parfois indispensable. Aussi d'autres approches doivent-elles être envisagées, comme la mise en place d'organismes de contrôle. De même que l'usage des données personnelles peut faire l'objet de vérification par la CNIL, on peut imaginer qu'un corps de juristes doublés de *data scientists* soit amené à se pencher sur le fonctionnement des algorithmes afin d'en vérifier la loyauté.

## Des premiers pas dans la loi

Le législateur français a fait le choix, en octobre 2016, d'inscrire pour la première fois dans la loi pour une République numérique le principe de neutralité des réseaux (article 40) et celui de loyauté des plateformes (article 49). De plus, cette loi jette les bases d'un contrôle possible de cette loyauté pour les grandes plateformes (article 50).

---

### Article 49
### de la loi pour une République numérique, du 7 octobre 2016

Est qualifiée d'opérateur de plateforme en ligne toute personne physique ou morale proposant, à titre professionnel, de manière rémunérée ou non, un service de communication au public en ligne reposant sur:
1° Le classement ou le référencement, au moyen d'algorithmes informatiques, de contenus, de biens ou de services proposés ou mis en ligne par des tiers;
2° Ou la mise en relation de plusieurs parties en vue de la vente d'un bien, de la fourniture d'un service ou de l'échange ou du partage d'un contenu, d'un bien ou d'un service.

Tout opérateur de plateforme en ligne est tenu de délivrer au consommateur une information loyale, claire et transparente sur :
1° Les conditions générales d'utilisation du service d'intermédiation qu'il propose et sur les modalités de référencement, de classement et de déréférencement des contenus, des biens ou des services auxquels ce service permet d'accéder ;
2° L'existence d'une relation contractuelle, d'un lien capitalistique ou d'une rémunération à son profit, dès lors qu'ils influencent le classement ou le référencement des contenus, des biens ou des services proposés ou mis en ligne ;
3° La qualité de l'annonceur et les droits et obligations des parties en matière civile et fiscale, lorsque des consommateurs sont mis en relation avec des professionnels ou des non-professionnels.

Par ailleurs, la loi impose aux services publics, et uniquement à eux, une transparence effective sur leurs algorithmes. Elle prévoit en effet que le code source des administrations doit être rendu public, dans le cadre d'une politique plus large d'*open data* (article 2). De plus, « toute décision individuelle prise par un acteur public sur le fondement d'un traitement algorithmique doit comporter une mention explicite en informant l'intéressé. Les règles qui définissent ce traitement ainsi que les principales caractéristiques de sa mise en œuvre sont communiquées par l'administration à l'intéressé s'il en fait la demande » (article 4). C'est au nom de cette loi que l'Éducation nationale a dû rendre public le code d'APB, Admission PostBac, le logiciel qui détermine l'affectation des bacheliers dans les études supérieures.

Ces éléments constituent des avancées notables. Ils demeurent fragiles : la neutralité du net par exemple est régulièrement remise en cause. Mais ils sont la preuve qu'un traitement responsable de la donnée, s'il est indispensable, est également possible.

# 11. Réglementer les usages des données personnelles

Des États, des entreprises, des criminels ont des vues sur nos données personnelles. Pour les protéger, nous devons pouvoir compter sur l'appui des lois et des règlements.

En 1974, le ministère de l'Intérieur français construit un fichier informatisé intitulé SAFARI, acronyme de « système automatisé pour les fichiers administratifs et le répertoire des individus ». Ce fichier centralise des données administratives sur toute la population, en s'appuyant sur l'identifiant de la sécurité sociale pour croiser les données. Après la publication dans *Le Monde* de l'article du journaliste Philippe Boucher, « SAFARI, ou la chasse aux Français », et l'indignation générale qui s'en est suivie, le gouvernement fait machine arrière et crée une commission chargée de proposer une réglementation sur l'utilisation des moyens informatiques. Ceci débouchera en 1978 sur la loi « Informatique et Libertés » qui encadre l'usage des données personnelles et institue la CNIL, la Commission de l'informatique et des libertés, chargée de veiller aux conditions d'usage de l'information portant sur les individus dans les banques de données informatisées.

Si la question de la protection des données personnelles n'est pas nouvelle, elle a considérablement évolué depuis les années 1970 et ce pour trois raisons essentielles. La première est à l'évidence l'explosion quantitative des bases de données qui recueillent des informations touchant aux individus. La deuxième concerne les usages : comme nous l'avons vu précédemment, de la recherche au marketing en passant par la gestion de la ville, les utilisations des données semblent illimitées. Enfin, alors qu'à l'époque de SAFARI il s'agissait essentiellement de protéger les données contre de possibles abus de l'État, au XXI$^{e}$ siècle, les mésusages sur nos informations numériques peuvent également être l'œuvre des entreprises, et plus encore des cybercriminels.

Ceci explique que le cadre juridique censé protéger les données personnelles a considérablement évolué depuis. Nous retiendrons quatre dates. En 1995, la Communauté européenne se dote d'un instrument de régulation, la « Directive relative à la protection des personnes physiques à l'égard des traitements de données à caractère personnel ». Il faudra attendre 2004 pour que la France transpose cette directive dans le droit français. Nouveau tournant essentiel, l'Union européenne adopte en 2016 le « Règlement relatif à la protection des personnes physiques à l'égard du traitement des données à caractère personnel » (RGPD). À la différence de la directive précédente, le règlement est directement applicable dans les pays de l'Union à compter de mai 2018. Mais avant de voir en quoi consistent les apports de ce nouveau texte, revenons sur les principes fondamentaux de la protection des données personnelles.

Les textes juridiques permettent de définir précisément ce qu'est, ou ce que n'est pas une donnée personnelle. Ils accordent un certain nombre de droits aux individus, afin de leur garantir une relative maîtrise de leurs données personnelles et de protéger ainsi cette dimension de leur vie privée. Enfin, ils confèrent des obligations aux responsables de traitement, c'est-à-dire à ceux qui effectuent des opérations sur les données (collecte, organisation, conservation, modification, interconnexion, destruction, etc.), qu'ils soient des acteurs publics ou privés. L'objectif de ces textes est de trouver un équilibre entre les besoins et les intérêts des responsables de traitement d'une part et le respect des libertés individuelles et de la vie privée de l'autre. Sans que ce terme soit employé dans la loi, l'idée est de conférer aux individus un droit à « l'autodétermination informationnelle », qui vise, selon le Conseil d'État, à « garantir en principe la capacité de l'individu à décider de la communication et de l'utilisation de ses données à caractère personnel ».

## Identification de la personne : des droits et des devoirs

La définition européenne de la donnée personnelle recouvre toute information se rapportant à une personne physique identifiée ou identifiable ; est réputée « être une personne physique identifiable » une personne physique qui peut être identifiée, directement ou indirectement, notamment par référence à un identifiant tel qu'un nom, un numéro d'identification, des données de localisation, un identifiant en ligne, ou à un ou plusieurs éléments spécifiques propres à son identité physique, physiologique, génétique, psychique, économique, culturelle ou sociale.

Le terme important qui trace la limite de la portée du régime légal de protection est « identifiable ». Si une donnée est totalement anonymisée, c'est-à-dire qu'on ne peut en aucun cas la raccrocher à un individu, alors elle sort du champ de la protection. En revanche, si une donnée a été codée et ainsi décorrélée de la personne, notamment par ce qu'on appelle un dispositif de « pseudonymisation » (voir chapitre 12), mais qu'il existe un moyen d'inverser le processus pour remonter à cette personne, alors celle-ci continue d'être considérée comme « personnelle » et la protection s'applique.

Le consentement de la personne joue un rôle important dans la capacité pour un responsable de traitement de se servir de ses données. Le consentement doit être donné dans des conditions explicites et claires, en laissant un choix à l'utilisateur. Des limites sont posées à ce consentement. Le responsable de traitement peut s'en passer lorsqu'il agit dans le cadre d'un contrat (par exemple pour les données collectées nécessaires à la facturation d'un service souscrit), ou lorsque le traitement est réalisé dans « l'intérêt légitime » de ce responsable de traitement (pour la gestion d'un fichier de recrutement, notamment), ou encore lorsqu'il répond à une obligation légale (gestion des déclarations de revenus, inscriptions scolaires, registre d'état civil…).

Ce n'est pas parce que le consentement a été donné que le responsable de traitement peut faire ce qu'il veut des données. Plusieurs grands principes s'appliquent : les données doivent être traitées de manière licite, loyale et transparente ; elles doivent être collectées pour des finalités explicites et légitimes, de façon adéquate par rapport à la finalité poursuivie, l'objectif ici étant de minimiser la collecte (par exemple une chaîne de magasin de vêtements n'a pas besoin de connaître les goûts musicaux de ses clients) ; elles doivent être exactes et tenues à jour ; elles doivent être conservées pour une durée adaptée à la finalité poursuivie (des données collectées dans le cadre d'une facturation seront ainsi effacées ou archivées à l'issue de la transaction commerciale) ; enfin, elles doivent faire l'objet d'un traitement qui garantit leur sécurité. De plus, il existe des catégories spécifiques de données – opinions politiques, origine ethnique, appartenance syndicale, orientation sexuelle, données génétiques, données de santé... – qui sont particulièrement sensibles et bénéficient d'une protection renforcée. Enfin, la personne dont les données ont été collectées dispose de droits. Par exemple, elle dispose du droit de savoir ce qui a été collecté sur elle. Elle peut demander des rectifications ou des suppressions si les informations sont inexactes et s'opposer, à tout moment et sous certaines conditions, à leur traitement.

Le responsable de traitement de son côté est tenu, jusqu'à l'entrée en vigueur du règlement européen en mai 2018, d'effectuer une déclaration auprès de la CNIL, sauf cas d'exonération ou de dispense ou sauf s'il a désigné un correspondant informatique et libertés. Celui-ci a pour mission de mettre en œuvre dans l'entreprise la conformité au droit des données personnelles et de tenir un registre des bases de données créées. La déclaration comporte un engagement spécifiant que le traitement est conforme à la loi. Après l'avoir déposée en ligne, le responsable de traitement reçoit un récépissé et peut procéder sans plus attendre. Après

2018, cette déclaration préalable n'aura plus lieu d'être. Pour certaines bases contenant des données sensibles (données de santé, données relatives aux infractions, aux condamnations, données comportant le numéro de sécurité sociale...), le processus est plus lourd et le restera après 2018 : il faut demander une autorisation en bonne et due forme à la CNIL, autorisation que celle-ci peut refuser si elle considère que le traitement ne respecte pas les conditions de licéité ou de sécurité. Le plus souvent, elle suggère des modifications pour rendre le traitement compatible.

Pour que ces droits et obligations ne restent pas lettre morte, le législateur a conféré un pouvoir de contrôle à la CNIL. Celle-ci peut à tout moment effectuer un contrôle en ligne, ou bien accéder aux locaux, aux dossiers et aux ordinateurs des responsables de traitement pour vérifier que les traitements opérés respectent bien la loi. En cas de manquement constaté, la CNIL peut ordonner une modification du traitement dans un délai fixe et, en cas de non-exécution, infliger une sanction qui prend la forme d'une amende ou d'une injonction de cesser le traitement.

En amont, la CNIL rend également des avis sur des projets de lois et de textes réglementaires susceptibles d'avoir un impact sur la protection des données personnelles. Enfin, elle porte des missions d'information, de conseil et de prospective, destinées aussi bien au grand public qu'aux professionnels (accueil du public, guides pratiques, tutoriels, laboratoire d'innovation numérique, site dédié à l'éducation au numérique...). Avec la loi pour une République numérique adoptée fin 2016, elle s'est vu confier une nouvelle mission : conduire une réflexion autour des problèmes éthiques et des questions de société soulevés par l'évolution des technologies numériques.

---

### La Commission de l'Informatique et des Libertés

La CNIL est composée de 18 commissaires, 6 membres de la Cour des comptes, du Conseil d'État et de la Cour de cassation, 2 membres du Conseil économique et social et environnemental, de 4 élus

(2 députés et 2 sénateurs), du président de la CADA (Commission d'accès aux documents administratifs) et de 5 personnalités qualifiées.
Elle s'appuie sur les services de 190 personnes, essentiellement des juristes et des spécialistes de la sécurité des systèmes informatiques.
En 2015, la CNIL a réceptionné plus de 96000 dossiers de formalités, rendu 2571 décisions et délibérations, dont 244 demandes d'autorisations et 122 demandes d'avis sur des textes législatifs ou réglementaires. Elle a reçu plus de 76000 appels sur sa permanence juridique et près de 8000 plaintes, dont 36 % concernent internet.
Elle a effectué 510 contrôles débouchant sur 93 mises en demeure, à la suite de quoi, dans la plupart des cas, les responsables de traitement se sont mis en conformité. Pour autant, la CNIL a dû prononcer 10 sanctions.

## Les grands apports du règlement européen de 2016

Le règlement européen qui entrera en vigueur au printemps 2018 est le fruit de cinq ans de travaux et d'âpres négociations, sous pression permanente d'un lobbying intense de la part des acteurs économiques de la donnée. Le

RGPD cherche à renforcer la protection des données personnelles, à réduire l'asymétrie de pouvoir qui existe entre les citoyens et les entités publiques ou privées qui manipulent leurs données, tout en simplifiant la vie des entreprises. Côté simplification, le règlement a pour première vertu de créer un cadre juridique unique et cohérent pour l'ensemble de l'Union européenne. De plus, il supprime l'obligation de déclaration préalable : les traitements sont censés être conformes par défaut, sachant qu'une vérification est possible à tout moment. Pour les données sensibles ou les traitements à risque (par exemple de profilage), les responsables de traitement doivent mener une étude d'impact faisant apparaître les caractéristiques du traitement, les risques et les mesures adoptées, ou bien demander une autorisation à l'autorité de protection de son pays.

Autre simplification, lorsqu'une entreprise est présente dans plusieurs États de l'Union européenne, au lieu d'interagir avec plusieurs autorités de protection des données comme c'est le cas actuellement, elle sera en contact avec un « guichet unique », à savoir l'autorité de protection des données de l'État membre où se trouve son « établissement principal », soit le lieu de son siège central dans l'Union, soit l'établissement au sein duquel seront prises les décisions relatives aux finalités et aux modalités du traitement. Chacun des États membres de l'Union européenne a donc mis en place une autorité de contrôle dans ce domaine. Ces autorités sont représentées au niveau européen au sein du G29, « Groupe de travail Article 29 sur la protection des données », qui changera de nom en 2018 pour devenir le « Comité européen de la protection des données ».

Côté renforcement de la protection des données personnelles, le règlement comporte de nombreuses avancées. La plus notable est le droit à la « portabilité ». Pour en comprendre le principe, prenons un exemple issu d'un autre secteur économique, l'automobile. Nous possédons un véhicule Citroën. Un jour, nous voulons changer de voiture. Nous sommes libres d'acheter une Renault, une Volkswagen, ou toute autre marque. Notre expérience de conducteur, nous la « portons » dans un nouveau véhicule. Nous n'avons pas à réapprendre. Dans les applications numériques, ça peut être différent. Nous avons choisi la Kindle d'Amazon, un excellent système de lecture numérique. Mais nous ne pouvons pas passer à un autre système sans perdre tous les livres numériques que nous avons achetés. Nous accumulons dans un système des années d'information, de données, et finissons « emprisonnés » par le vendeur (on parle de *vendor lock-in* en anglais). Nous aimerions pouvoir partir en « emportant » nos données dans le nouveau système sans avoir à payer, ni en argent, ni en temps. Avec le règlement européen, c'est ce qui est désormais possible pour les services en ligne : un client d'un service A peut désormais récupérer ses données sous un format réutilisable, soit pour son propre usage, soit pour les confier à un service B. L'utilisateur qui dispose de dix ans de photos sur Instagram pourra désormais les emporter sur Flickr ou sur tout autre service concurrent. Le droit à la portabilité a également pour mérite de rouvrir le jeu de la concurrence.

Le règlement introduit aussi le principe des actions collectives : les associations actives dans le domaine de la protection des droits et des libertés des personnes auront la possibilité d'introduire des recours collectifs en matière de protection des données personnelles. L'asymétrie de pouvoir avec les grands responsables de traitement est telle qu'il est rare aujourd'hui qu'un individu isolé ose s'attaquer à eux, aussi ce recours collectif constitue-t-il une avancée essentielle qui ne laisse pas au seul individu la lourde tâche de protéger ses données.

Troisième progrès : les conditions du consentement sont renforcées, le responsable de traitement porte la responsabilité de prouver que la personne a bien consenti, et il doit informer l'individu de sa politique en matière de traitement de façon transparente, accessible et intelligible, formulée en termes clairs et simples, voire sous forme illustrée. Ceci répond à la complexité des systèmes de CGU actuelles qui sont la plupart du temps incompréhensibles à un non-juriste. De plus, il est prévu que les responsables de traitement conçoivent des systèmes de gestion des données qui protègent ces dernières dès la conception du produit ou du service, par le choix de mesures techniques ou organisationnelles. C'est ce qu'on appelle la *privacy by design*.

Autre avancée, le champ d'application du règlement concerne aussi bien les données des entreprises qui ont leur siège ou un établissement au sein de l'Union européenne que celles qui sont établies hors de l'Union mais qui offrent des services ou des biens à des personnes résidant sur le territoire européen.

Enfin, le règlement renforce le pouvoir de sanction des autorités de protection comme la CNIL. Les amendes pourront s'élever, selon la catégorie de l'infraction, de 2 % jusqu'à 4 % du chiffre d'affaires annuel mondial d'une entreprise, à 10 ou 20 millions d'euros pour les autres organismes.

## Une course-poursuite entre droit, technologies et usages

Sommes-nous pour autant arrivés avec ce règlement à une situation de réel équilibre entre protection des données et besoins des acteurs qui les traitent ? Si le RGPD comporte des avancées considérables, le travail du législateur européen s'apparente par certains aspects au mythe de Sisyphe. Alors que le processus législatif réclame un temps long, celui de la négociation, d'autant plus qu'il doit construire un consensus entre 27 pays de culture juridique et politique différente, l'innovation technologique avance à marche forcée. Tous les jours surgissent de nouveaux outils comme les drones, les voitures autonomes, les objets connectés, les capteurs sous-cutanés, les exosquelettes... qui sont autant de collecteurs potentiels de données personnelles. C'est la raison pour laquelle le règlement est rédigé de manière à être autant que faire se peut « technologiquement neutre », c'est-à-dire applicable quel que soit l'état de la technologie actuelle ou à venir.

Pour autant, l'outil juridique ne suffit pas toujours à protéger les données contre les mésusages. C'est la raison pour laquelle le droit doit pouvoir s'appuyer sur des choix technologiques qui procurent un haut niveau de sécurité.

# 12. À la recherche de solutions techniques

Si certains des services proposés autour des données nous posent un problème, c'est notamment parce que la R&D et le marketing se sont précipités, souvent sans avoir pris le temps de la réflexion, sur de nouvelles fonctionnalités, de nouveaux usages. La quête de performance pose depuis des dizaines d'années des défis constants. Face à des déluges informationnels, il faut développer les infrastructures et les logiciels pour pouvoir gérer, analyser des gigas puis des téraoctets de données. Le temps de s'interroger semble toujours manquer dans la course à l'innovation.

Il nous faut maintenant, collectivement, prendre le temps de réfléchir à ce que nous allons *vraiment* faire des techniques qui entourent les données. Les défis se sont déplacés des performances vers l'éthique. Comme les usages de l'informatique sont à la source des problèmes, l'informatique est convoquée pour participer aux solutions dans les domaines où l'utilisation de données est critique.

## Chiffrer les échanges et anonymiser les données

Le fait qu'il soit difficile de protéger la confidentialité des données n'implique pas qu'il faille pour autant abandonner nos souhaits de vie privée. Par exemple, nous pouvons apprendre à nous protéger en chiffrant les données de notre ordinateur personnel. Des protocoles comme Pretty Good Privacy (« assez bonne confidentialité ») sont également disponibles pour chiffrer nos courriels. PGP permet de garantir un bon niveau de confidentialité du message et l'authenticité de sa source. En raison d'un possible usage militaire, ce protocole a été interdit en France jusqu'en 1996. Puis il a été admis que les « honnêtes gens » avaient autant droit que l'armée ou les criminels de protéger la confidentialité de leurs communications.

Des protocoles cryptographiques permettent de payer dans une monnaie électronique, les *bitcoins*, sans donner son identité réelle. Des réseaux de communication, comme Tor, utilisent des protocoles qui permettent également d'échanger des informations sans révéler son identité. Mais ces techniques, qui autorisent un peu d'anonymat, présentent le désavantage d'être difficiles à comprendre, et lourdes à utiliser.

Le problème de confidentialité s'exacerbe quand les données sortent de notre sphère privée pour passer dans des services qui les agrègent à d'autres pour réaliser des analyses de données massives.

L'approche classique utilisée pour protéger une base de données qui contient des informations sur des personnes, et a vocation à circuler, consiste à remplacer les attributs les plus à même d'identifier un individu, comme son numéro de sécurité sociale ou son nom, par des « pseudos », des chaînes de caractères abstraits, par exemple « 29984537 », selon une clé de chiffrement gardée secrète. Cela s'appelle la « pseudonymisation ». La protection peut être renforcée en supprimant toutes les valeurs qui caractérisent un trop petit nombre de personnes, comme leurs adresses, leur date de naissance, etc., et qui permettraient de participer à les identifier. Cela s'appelle la « k-anonymisation ». On dit que des données respectent la propriété de k-anonymisation pour certaines variables, si chaque objet ne peut être distingué de k-1 autres uniquement à partir de ces variables. Par exemple, fixons k = 4. Si moins de 4 employés sont nés à Romorantin en 1984, les données ne sont pas 4-anonymes pour année et ville de naissance. Si nous voulons k-anonymiser pour année et ville de naissance, il va nous falloir cacher des informations. Sans k-anonymisation, nous pouvons imaginer comment on pourrait obtenir facilement des informations confidentielles. Si on sait qu'un employé, Jean Martin, est né en 1984 à Romorantin, il suffit par exemple de poser deux questions: « combien d'employés sont nés à Romorantin en 1984 », réponse: 2, et « combien ont d'employés nés à Romorantin en 1984 sont d'extrême gauche », réponse: 2, pour connaître les opinions politiques de Jean Martin (au moins selon la base de données), et avoir ainsi violé la confidentialité des données.

Est-ce qu'une technique comme la k-anonymisation, très répandue, garantit vraiment l'anonymat des personnes? Concrètement, est-ce que cela rend impossible toute réidentification? Non! De telles techniques rendent la réidentification des personnes plus difficile, plus coûteuse... mais pas impossible. Elles permettent ainsi de ne pas révéler d'informations personnelles à des opérateurs de communications qui voient passer les données sur leurs serveurs ou dans leurs réseaux. Mais cette protection ne résisterait pas à des analyses poussées. On peut en effet identifier une personne à partir de quelques données: si l'on sait que 29984537 est né à Sèvres en 1986, a fait un doctorat de physique, et jogge, il est réidentifiable assez facilement.

Un vrai anonymat est difficile à obtenir. Une technique pourtant garantit un niveau de confidentialité supérieure aux autres, c'est ce qu'on appelle la *differential privacy*. Elle exige des calculs lourds et consiste à ajouter du « bruit » aux résultats, c'est-à-dire à cacher ou modifier des valeurs. On ajoute ce bruit jusqu'à ce qu'il n'y ait plus moyen, statistiquement, de déterminer les faits que l'on veut garder confidentiels. Par exemple, on va dire que 29984537 est né en 1987. Cela ne fausse pas trop les statistiques et rend plus difficile la réidentification. Plus on est autorisé à poser de questions, plus le bruit doit être important pour éviter qu'une combinaison des résultats ne permette de laisser fuiter des informations.

## Contrôler et spécifier la qualité des analyses

L'analyse de données massives, dans un premier temps, s'est déclinée dans un mode

« western » : des personnes plus ou moins compétentes bricolaient des analyses plus ou moins mathématiquement fondées, pour montrer tout et n'importe quoi. La société attend aujourd'hui plus de responsabilités, des approches plus sérieuses pour vérifier la qualité des données brutes et réaliser des analyses qui aient du sens.

Le problème présente deux facettes. D'une part, il s'agit d'équiper les « analystes » qui travaillent dans les entreprises, les laboratoires de recherche ou les administrations, *d'outils de production et de méthodes* pour collecter des données et réaliser des analyses de données en limitant les biais. De l'autre, il s'agit de proposer aux « consommateurs » *des outils et des méthodes de contrôle* de la qualité du processus de production, et des résultats.

Côté production, il convient, le plus en amont possible, d'assurer une certaine transparence sur la méthode choisie et de disposer d'outils de vérification du protocole d'analyse utilisé, comme des résultats.

Côté contrôle, il s'agit de pouvoir auditer le code, c'est-à-dire de vérifier qu'il a bien été développé suivant les règles de l'art, qu'il respecte les spécifications. Cette vérification peut être portée par des humains ou automatiquement par un programme. Ce dernier cas de figure, dans l'état de la technologie, sert uniquement à la vérification de petits logiciels critiques, par exemple dans les industries aérospatiales ou nucléaires. Quelles que soient les méthodes d'audit convoquées, elles commencent seulement à se mettre au service de l'éthique dans l'analyse de données et sont encore rarement appliquées pour démontrer la loyauté d'une analyse ou la protection de la confidentialité.

Le contrôle peut également consister à tester le comportement du code dans une approche expérimentale. Nous observons alors ce comportement de l'extérieur. Le test de logiciels s'apparente en fait plutôt aux études de phénomènes du monde réel comme un cœur, une galaxie ou un nuage atmosphérique. Le programme informatique est vu comme une boîte noire dont il est peut-être impossible de comprendre exactement ce qui s'y passe. Les tests mettent en évidence son comportement statistique en général, et des biais en particulier.

Pour un algorithme de type *machine learning*, la vérification se complique. Le contrôle du code n'est pas inutile, mais il ne suffit pas. Il faut aussi vérifier que des biais n'ont pas été introduits par les données d'apprentissage. Tester le comportement du système reste évidemment un moyen de contrôle efficace, avec pour difficulté que ce comportement peut évoluer dans le temps si le système apprend en continu.

Ces deux facettes, la production de qualité et le contrôle, sont liées, notamment lorsque des analystes, pour conforter leur légitimité, publient des données facilitant le contrôle de leur propre travail. Ils peuvent accompagner les résultats qu'ils produisent de métadonnées qui en garantissent l'authenticité, expliquent leur origine et l'historique de leur dérivation et, plus généralement, donnent du sens aux données.

Dans la production comme dans le contrôle, les propriétés à vérifier doivent être spécifiées formellement. Les lois, les contrats ou les engagements pris par l'entreprise ou par l'État, initialement rédigés en langue naturelle, doivent être traduits en « spécifications formelles » afin d'être vérifiables. Celles-ci consistent en une description mathématique rigoureuse à partir de laquelle il devient possible de raisonner.

Le gouvernement français a, par exemple, récemment dévoilé le programme APB (Admission PostBac), utilisé par les étudiants pour exprimer leurs choix d'études supérieures, puis par le système universitaire pour organiser les affectations. Des associations et des particuliers se penchent sur le code pour en comprendre le sens. On aurait pu s'attendre à ce que le gouvernement, en plus du code, dévoile également ses spécifications en langue naturelle et formelles. Cela n'a pas été le cas, sans doute parce que celles-ci attendent encore d'être rédigées...

## Codes et données ouverts

Que des logiciels soient ouverts, c'est-à-dire que leur code soit lisible et modifiable par tous, ou que les données qu'ils utilisent soient accessibles, simplifie considérablement la vérification. Cependant, cela ne suffit pas à garantir que les résultats soient corrects. Un bug critique a par exemple été découvert dans la librairie de logiciels ouverts OpenSSL, utilisée massivement par des serveurs du web. À cause de ce bug, il devenait possible d'obtenir indûment les clés de chiffrements de données confidentielles. Ce bug est resté présent dans le code pendant des années, sans que personne ne le détecte. Si le code n'avait pas été ouvert, le bug n'aurait peut-être jamais été détecté que par des cybercriminels…

Quant aux données, le fait qu'elles soient ouvertes ne garantit pas l'absence de biais. En réalité, c'est souvent moins leur biais que la manière dont elles sont utilisées qui pose problème. Une municipalité peut par exemple publier des données ouvertes provenant d'un site web sur lequel les habitants peuvent déclarer les chaussées abîmées. Une étude qui identifierait les chaussées à réparer en priorité, sans tenir compte du fait que les habitants de certains quartiers sont plus connectés que d'autres, serait ainsi biaisée.

---

### Qwant

Qwant.com, lancé en 2013 par deux Français, Éric Léandri et Jean-Manuel Rozan, est un moteur de recherche qui se veut plus éthique que ses concurrents comme Google. Il ne trace pas vos questions et ne personnalise pas les réponses. Qwant n'introduit pas de biais à son profit.

Qwantjunior.com, qui s'adresse aux 6-13 ans, a été lancé en 2015 et bénéficie d'un partenariat avec l'Éducation nationale. Il bloque les sites jugés violents ou pornographiques, bloque les liens de e-commerce et met en avant les contenus adaptés à ce public. Une difficulté à laquelle ce moteur est confronté est la diversité des publics : en fonction du pays, de la religion, de la culture familiale, les critères des parents sur ce qu'un enfant peut ou ne peut pas voir varient.

## Les aspects éthiques

L'expérience montre qu'en matière de gestion et d'analyse de données, il faut tenir compte des aspects éthiques le plus en amont possible. Au-delà de la sécurisation des données, prendre en compte les aspects éthiques dès la conception des logiciels, voilà en quoi consiste la *privacy by design*. De la même façon, on pourrait parler de « loyauté par design », « transparence par design »...

L'exemple imaginaire suivant montre l'importance de cette prise en compte. Supposons que les membres d'un service web soient encouragés à échanger leurs photos, à les répliquer, à les transformer. Le service est populaire et gère, au bout de quelques années, des centaines de millions de photos, certaines reproduites, modifiées, partagées, des centaines de fois. C'est le moment que choisit Alice pour décider de retirer l'une de ses photos, sur laquelle apparaît son ami Bob devant la tour Eiffel. Peut-être est-ce parce que cet ami trouve qu'elle le désavantage, ou bien parce qu'Alice découvre qu'elle n'avait pas le droit de la partager en raison des droits de propriété intellectuelle liés au monument.

Les ingénieurs expliquent que c'est techniquement irréalisable, non seulement parce que la fonctionnalité n'est pas prévue, mais également parce que la photo a été à plusieurs reprises modifiée créant autant de copies que de versions. Bref, Alice n'avait qu'à réfléchir avant de partager cette photo. La réponse est-elle acceptable ? Non, bien entendu, l'argument de l'impossibilité technique est insupportable pour Alice. Il aurait fallu, dès la conception, penser qu'une photo déposée par un individu constitue une information personnelle qu'on aura peut-être un jour envie de retirer, et qu'on devra alors avoir le droit de le faire. Cet exemple se rapproche de ce que l'on appelle le droit à l'effacement, ou « droit à l'oubli ». Le système aurait dû proposer cette fonctionnalité, et garder trace des différentes versions des photos (les copies, les modifications, etc.) de manière à pouvoir réaliser l'effacement demandé.

Penser à protéger les données dès la conception technologique est essentiel. Mais donner à l'utilisateur la maîtrise et le contrôle de ses données est encore mieux. Telle est l'ambition des « Systèmes d'informations personnelles ».

# 13. La reconquête des données personnelles

En 1945, Vannevar Bush imagine le concept du *memex*, un dispositif dans lequel un individu stockerait tous ses livres, enregistrements et communications, documents numérisés, etc., bref, une extension de sa mémoire.

Depuis, les données numériques ont envahi nos vies. Nous finissons par ne plus très bien savoir où sont nos données personnelles, ce que d'autres en font. Nous oublions même parfois qu'elles existent et comment les retrouver : nous nous souvenons que nous avons quelque part l'adresse de ce copain, mais où ? Dans nos contacts, nos courriels, sur LinkedIn ou sur Facebook, dans un SMS peut-être, ou qui sait sur WhatsApp… Nous avons de plus en plus de difficultés à gérer nos données, à contrôler leur partage, à protéger leur confidentialité, à en être maîtres. Chacun des services que nous utilisons nous est utile, mais le prix à payer en termes de perte d'autonomie pour leur usage devient chaque jour un peu plus un problème.

Un outil comme le *memex*, qui représentait une anticipation désirable mais lointaine il y a quelques décennies, s'impose aujourd'hui comme indispensable. De plus en plus de personnes ont recours à des outils et à des modèles de gestions de nos données (Self data, Mydata,...). Nous les appellerons ici « Systèmes de gestion d'informations personnelles » ou, pour faire court, « Pims » (pour *Personal Information Management System*).

## Rassembler toutes les données de l'utilisateur

L'idée est simple : plutôt que d'être rassemblées par service (les courriels de millions d'utilisateurs chez Gmail, les opinions sur des films chez Netflix, les déplacements d'automobilistes chez Waze, etc.), les données sont regroupées par utilisateur. Chaque utilisateur dispose ainsi de son propre système de stockage des données liées aux applications qu'il utilise. Les données lui sont ainsi disponibles et accessibles en permanence : certains parlent de *cloud* « personnel ».

Pour l'instant, seul un *geek* saura installer un tel serveur personnel, récupérer ses données et les gérer. La plupart d'entre nous n'ont pas cette compétence. Et même si nous l'avions ou pourrions l'acquérir, nous aurions certainement des manières plus divertissantes d'occuper notre temps libre que de gérer un serveur personnel. Ce dont nous avons besoin, c'est d'un outil clé en main, dans lequel retrouver facilement nos données. C'est ce que proposent les Pims.

Détaillons le fonctionnement d'un Pims, en précisant ce que ce paradigme apporte de nouveau. Aujourd'hui, nous utilisons des services du web. Ceux-ci sont exécutés sur une machine que nous ne contrôlons pas, avec des logiciels dont nous ignorons pratiquement tout. Ils utilisent nos données, mais nous ne savons pas exactement lesquelles. À l'inverse, un service Pims tourne sur « notre machine », avec « un logiciel à notre service », qui utilise nos données, celles dont nous savons absolument tout.

*Notre machine*. Cela peut être un ordinateur dans notre salon. Mais cela peut aussi être une machine hébergée dans un nuage ou un *data center*. Le point important est que nous payons pour cette machine et que nous décidons de ce qu'elle fait, contrairement aux ordinateurs des services web qui obéissent à leur propriétaire. Les revenus des services web viennent en grande partie de la marchandisation de nos données personnelles ; les revenus du fournisseur de Pims proviennent de nos paiements.

En nous liant à un fournisseur de Pims, allons-nous entrer dans une nouvelle forme de servitude ? Non, car nous pouvons exiger que le contrat de notre Pims s'engage à ce que le système satisfasse des propriétés comme la loyauté et la portabilité, considérées aux chapitres 10 et 11. En particulier, nos données se doivent d'être exportables et nous pouvons décider de changer de fournisseur de Pims à tout moment.

*Un logiciel à notre service.* Le logiciel de notre Pims a pour unique finalité de nous servir, en nous permettant de récupérer les données générées par nous sur les différents services en ligne que nous utilisons, celles détenues par nos fournisseurs (banque, télécommunications, énergie, grande distribution...), celles produites par nos objets communicants (balances connectées, bracelets numériques...), d'en avoir une connaissance parfaite et de décider des données spécifiques qu'il se chargera de donner pour nous à des services tiers. Certains de ces services peuvent tourner à l'intérieur du Pims, ce qui évite que les données n'en sortent. Par exemple, il est possible d'installer un logiciel de stockage (à l'image de Dropbox ou OwnCloud) à l'intérieur d'un Pims et de le faire fonctionner dans le nuage personnel décrit plus haut. Dans d'autres cas, lorsque ce n'est pas possible, par exemple pour un réseau social qui a besoin d'accéder aux informations de nos amis pour fonctionner, le Pims se contentera de récupérer une copie des données qui nous concernent. Cela présente trois intérêts : savoir ce que le réseau social connaît de nous ; croiser ces informations avec d'autres données personnelles en notre possession pour les enrichir, les analyser, nous apprendre des choses sur nous-mêmes ; les ouvrir à d'autres services qui peuvent en avoir besoin si tel est notre envie.

*Dans un environnement sécurisé.* Un Pims nous permet de gérer toutes nos données personnelles, nos contacts, nos courriels, nos déplacements GPS, nos documents, nos comptes bancaires, notre comptabilité... Le fait même de regrouper toutes nos données dans un seul système peut être une source d'inquiétude. Ne facilitons-nous pas le travail de personnes mal intentionnées qui voudraient se les approprier ? Certes. Mais le risque est plus modeste que pour les services classiques du web : pour les cybercriminels, les données d'un seul individu n'ont que peu d'intérêt, ce sont les données massives dont ils sont friands. Autant ils peuvent monnayer le piratage de tous les comptes d'un site de rencontres amoureuses, autant les informations de monsieur ou madame Gudule n'ont que relativement peu de valeur à leurs yeux. Mais, évidemment, la sécurité du Pims est un sujet essentiel, et un fournisseur de Pims devra être particulièrement vigilant sur ce point.

## Le temps des Pims

Depuis les années 1940, l'idée des Pims ressurgit régulièrement sous diverses formes et divers noms, sans jamais se concrétiser. Pourquoi alors penser que le temps des Pims est venu ? Au premier regard, les Pims semblent aller complètement à contre-courant de l'économie du web. En effet, ils remettent en question le modèle d'affaires dominant, celui du troc d'un service gratuit contre la marchandisation des données personnelles. Un tel changement de paradigme se heurte à des intérêts qui se chiffrent en milliards. Pour autant, trois types de raisons – sociétales, technologiques, commerciales – nous permettent de penser que les Pims vont à moyen terme s'installer durablement dans nos usages.

*Société*. Les signes que la société est prête à bouger sont nombreux. Nous prenons de plus en plus conscience de la dissymétrie informationnelle qui s'est construite entre des entreprises du web et nous : alors qu'elles connaissent tant de choses sur nous, nous ne savons pas vraiment quelles sont les données qu'elles collectent et conservent, ni comment elles en usent, les croisent et les revendent. Tout cela conduit les gouvernements, en particulier en Europe, à renforcer les réglementations pour limiter les atteintes à la vie privée. Et ceci crée un environnement juridique et sociétal favorable au modèle des Pims. Par exemple, le droit à la portabilité des données institué par le nouveau règlement européen qui entre en vigueur en mai 2018 pousse activement dans ce sens. Autres signes, des initiatives publiques encouragent les entreprises et les administrations à divulguer à leurs clients et usagers les données personnelles dont elles disposent, par exemple Smart Disclosure aux États-Unis ou MiData au Royaume-Uni. Des initiatives se lancent, qui réunissent des consortiums d'entreprises pour expérimenter des services adaptés aux Pims, à l'image de MesInfos en France. Une communauté de promoteurs des Pims émerge, et a tenu sa première conférence intitulée « My data » à Helsinki en août 2016.

---

### MesInfos

La Fing, « Fondation internet nouvelle génération », a lancé depuis 2013 des expérimentations autour des Pims, sous l'intitulé « MesInfos ». En 2017, 3 500 testeurs se voient restituer leurs données personnelles gérées par quatre entreprises (Orange, Maif, EDF, Axa) dans un *cloud* personnel fourni par la startup Cozy Cloud. Ces testeurs peuvent analyser et compléter les données mises à leur disposition, faire tourner de nouvelles applications qui croisent des données provenant de ces différentes entreprises. Une équipe de chercheurs observe ces usages et les réactions des testeurs afin d'améliorer le dispositif.

*Technologie.* Différentes startups proposent dès à présent des solutions de Pims clé en main comme Cozy Cloud, Meeco, Digi.Me, ou The HAT (pour *Hub-of-All-Things*). Même si elles peinent encore à trouver leur modèle d'affaires, l'existence de telles entreprises montre que le marché pour ce type de solution est en train d'émerger.

Par ailleurs, de plus en plus de startups et d'équipes de recherche développent des logiciels, souvent ouverts, qui pourraient s'installer dans les Pims. Par exemple, chacun peut dès à présent installer simplement son propre serveur de courriel, ou de partage de fichiers en ligne dans un Cozy Cloud. L'entreprise Orange propose à ses clients qui participent à l'expérimentation MesInfos une application à installer également dans un Cozy Cloud et qui permet de créer la playlist des musiques de films visionnés sur son service de VoD.

Enfin, l'administration de systèmes informatiques s'est beaucoup simplifiée et le prix des machines ne cesse de baisser. Il devient possible de faire héberger son propre serveur pour quelques euros par mois, soit chez le fournisseur de Pims, soit chez un hébergeur spécialisé comme OVH. Cette approche est donc devenue accessible financièrement à la plus grande partie de la population, même si elle lui reste techniquement inaccessible.

*Commerce.* De nombreuses entreprises sont intéressées par les solutions à base de Pims. Ce sont d'abord des entreprises prénumériques, comme des hôtels ou des banques, qui voient des sociétés du web, comme Booking dans le cas des hôtels, s'interposer entre elles et leurs clients. Pour elles, les Pims constituent des espaces pour retrouver une relation directe avec leurs clients sans dépendre des intermédiaires souvent en position de force que sont les grandes entreprises du web. La mutuelle Maif a investi trois millions d'euros, dans la solution Cozy Cloud. Elle propose à ses clients un *cloud* personnel sécurisé pour pouvoir y stocker dans un premier temps leurs documents liés aux contrats d'assurance (dans le style d'un coffre-fort numérique), puis des données provenant d'autres sources (dans l'esprit du Pims).

Avec les services web, si l'on caricature, quelques sociétés, les « Géants du web », s'approprient toutes les données du monde. Nous avons déjà mentionné, au chapitre 7, les problèmes que cela soulève. Si le futur commercial des Pims n'est pas encore clair, nous pouvons espérer qu'ils sauront s'imposer et proposer un cadre qui protégera les intérêts des individus, les émancipera en leur rendant le contrôle sur leurs propres données, sans pour autant nuire à l'innovation de services.

Ce dernier point est essentiel. Pour que les Pims fassent l'objet d'une adoption large par les internautes, il ne suffit pas qu'ils protègent leurs données. Les internautes doivent y trouver une vraie valeur ajoutée. Ceci passe par la mise à disposition de tout un écosystème de nouveaux services qui s'appuieront sur des données croisées provenant de différentes entreprises gestionnaires de données. Simplifier l'accès à leur mémoire, planifier leurs déplacements, faciliter leurs choix de consommateurs, coordonner leurs objets connectés, analyser leur style de vie... des dizaines de services potentiels sont à inventer !

# 14. Data et écologie : les sœurs ennemies

La Conférence de Paris de 2015 consacrée au climat a été l'occasion de mettre la transition écologique au cœur du débat public. Dans ce livre, nous sommes concernés par une autre transition, la transition numérique, dont nous mesurons chaque jour un peu plus les transformations fondamentales qu'elles impliquent pour notre monde. Nous vivons donc deux disruptions simultanées ; comment coexistent-elles ? Le projet Transition[2], porté par la FING, « Relier transition écologique et numérique », se penche sur leur rencontre possible et souhaitable. Nous nous contenterons d'évoquer brièvement quelques aspects de ces enjeux, sous l'angle qui est le nôtre dans ce livre, celui des données.

## L'impact environnemental

La part du numérique dans les émissions de gaz à effet de serre d'origine humaine est estimée à 2 %, et elle est en croissance constante. À eux seuls, internet (l'infrastructure) et le web (les services) auraient récemment dépassé le transport aérien en quantité de $CO_2$ produit.

Les ordinateurs d'aujourd'hui ont besoin d'infiniment moins d'électricité que les monstres des débuts, comme l'ENIAC créé pendant la Seconde Guerre mondiale, qui consommait autant d'électricité qu'une petite ville. Mais, rassemblés par millions de processeurs dans un *data center*, leur consommation devient considérable. Plus inquiétant encore, ces *data centers* se multiplient car ils sont indispensables pour la sauvegarde des données numériques dont la quantité explose, pour tous les nouveaux services créés sans cesse, et parce que leurs coûts de construction et de fonctionnement ont considérablement chuté.

Par ailleurs, tous les matériels qui nous permettent de stocker et d'utiliser des données, depuis les infrastructures de ces *data centers* jusqu'à nos téléphones et nos tablettes personnels, produisent énormément de déchets. Leur poids se compte maintenant en dizaines de millions de tonnes, et seule une toute petite partie est aujourd'hui recyclée. Plus grave peut-être, ces déchets incluent des millions de tonnes de composants dangereux, comme le mercure, le cadmium ou le chrome.

Si personne n'envisage sérieusement d'interrompre la construction de notre monde numérique, certains, à l'image de GreenIT, nous invitent à être plus économes, en énergie comme en matériel.

---

### GreenIT

Le blog GreenIT (www.greenit.fr) est consacré aux enjeux du numérique durable. De nombreux sujets sont abordés comme les économies d'énergie, le recyclage, ou le rôle du numérique dans une économie plus responsable.

On y trouve par exemple des articles et des cours en ligne d'« écoconception logicielle ». Il s'agit de développer des applications qui prennent en compte les impacts environnementaux et économiques des logiciels dès le début de leur conception.

Les *data centers* ont réussi à diminuer leur impact énergétique grâce à des progrès technologiques considérables en matière de climatisation, de répartition de la charge en fonction de la demande et aussi parce qu'ils sont de plus en plus souvent construits dans les régions froides. La marge de progression est encore grande, et d'autres pistes sont explorées, comme la construction par les grands acteurs du web d'infrastructure d'énergies renouvelables éolienne ou la récupération de l'énergie perdue dans les circuits du chauffage urbain.

Le transfert de données, en particulier des vidéos, constitue une autre source de gaspillage énergétique. Là aussi, les économies possibles sont substantielles. La R&D des grands équipementiers et opérateurs du secteur se penche sur le sujet. Des solutions alternatives reposant sur des infrastructures réparties, comme celle proposée par WeTube, ouvrent de nouvelles perspectives.

### WeTube

WeTube est une entreprise qui propose du « partage de vidéos en pair-à-pair (P2P) ». Une vidéo peut y être consultée en streaming comme sur un service classique de type YouTube ou Vimeo.

Dans le cas de ces derniers, le film est envoyé en flux continu depuis un serveur sur lequel il est stocké vers un client qui l'affiche sur son écran. Le client reçoit une succession de fragments du film et ne les conserve que le temps de leur visualisation. Le film parcourt peut-être des centaines voire des milliers de kilomètres, ce qui génère une dépense d'énergie conséquente.

Avec un service de diffusion en P2P comme WeTube, les internautes font circuler des films entre eux sans nécessairement en avoir conscience. Plus précisément, un internaute visualise un film en streaming, et plutôt que de se débarrasser des bouts de films déjà vus, sa machine les conserve pendant quelque temps dans une zone de stockage, « un cache ». Cette machine pourra donc à son tour envoyer ces morceaux de films à d'autres internautes qui voudront le regarder en streaming. Les ordinateurs des internautes ne sont plus simplement ce qu'on appelle des clients, c'est-à-dire des machines passives, elles sont devenues les nœuds d'un réseau en pair-à-pair.

Plus le film est populaire, plus il est disponible sur de nombreux nœuds du réseau. Il est probable qu'au moment où quelqu'un demande ce film, un ou plusieurs nœuds « proches de cette personne (sur le réseau) » puissent le mettre à disposition à faible coût énergétique.
C'est donc plus écologique à plusieurs titres : moins de machines sont nécessaires dans les *data centers*, moins d'énergie est dépensée pour leur climatisation comme pour la transmission des fichiers. Alors qu'en 2019, selon l'équipementier Cisco, 80 % du trafic mondial sur internet sera lié à la vidéo, il est clair que les économies en puissance sont essentielles.

L'industrie du numérique a un impact environnemental tel qu'il est urgent de la rendre frugale et moins énergivore. On peut également s'interroger : est-il vraiment indispensable de dépenser autant d'énergie dans des *data centers* pour les besoins du marketing et de la publicité ciblée ?

La dépense énergétique individuelle est également très importante et a moins bénéficié des efforts d'économie d'énergie. Les ordinateurs et autres matériels personnels pourraient être moins gourmands en énergie.

À titre individuel, il serait facile de modifier nos habitudes en adoptant un faisceau de petits gestes, comme de disposer d'une encyclopédie numérique stockée localement pour éviter des requêtes inutiles sur le web, de ne pas inonder la terre entière de courriels avec des pièces jointes volumineuses ou de ne pas conserver des masses de données sans intérêt. Même si ces économies sont moins importantes que celles déjà réalisées ou encore réalisables par les innovations technologiques dans les infrastructures de *data centers* ou de réseaux, elles n'en sont pas moins indispensables.

De même, réfléchir à deux fois avant de changer de téléphone ou de liseuse serait judicieux, comme de faire pression sur nos gouvernements pour que le holà soit mis aux pratiques d'obsolescence rapide et surtout programmée de matériels. La loi française vient d'ailleurs d'être renforcée en 2015 sur ce point. Désormais, l'obsolescence programmée, définie comme l'ensemble des techniques par lesquelles un metteur sur le marché vise à réduire délibérément la durée de vie d'un produit pour en augmenter le taux de remplacement, peut être punie de deux ans d'emprisonnement et d'une amende pouvant aller jusqu'à 5 % du chiffre d'affaires moyen annuel de l'entreprise. Au-delà, le consommateur devrait être informé du véritable coût environnemental de ses appareils, qui est largement supérieur à la participation demandée. Il devrait aussi avoir une idée de leur coût social, notamment des conditions de travail déplorables des ouvriers dans les mines de « terres rares », ces métaux indispensables au fonctionnement de nombreux appareils électroniques.

## Réduire l'empreinte écologique

Réduire l'impact écologique du numérique est indispensable, mais nous pouvons, de façon complémentaire, raisonner en sens inverse afin de mettre les données au service de l'écologie. La créativité et l'innovation débridée autour de l'utilisation de données numériques sont des débuts de réponse aux défis écologiques, dans toute leur diversité, toute leur complexité. En particulier, l'informatique peut contribuer à réduire les 98 % d'émissions de gaz à effet de serre qui ne sont pas directement attribuables au numérique.

Tout au long de l'histoire industrielle du XX^e^ siècle, des équipements massifs, à grande échelle, ont été conçus et déployés, à l'image des centrales nucléaires ou de la production agricole intensive. Les temps changent. On parle maintenant d'énergie produite localement, diversifiée, ou d'agriculture de proximité. Ces approches participent d'un modèle de développement plus durable, mais elles sont complexes à mettre en place, car elles associent de nombreux acteurs qui doivent collaborer, échanger de l'information en permanence. Le numérique joue un rôle essentiel dans cette coordination.

Les *smart grids* (« réseaux de distribution d'électricité intelligents ») illustrent bien la problématique, et le type de réponse apportée par l'informatique. Un *smart grid* organise des échanges d'électricité entre un très grand nombre de consommateurs et de fournisseurs (panneaux solaires, éoliennes, etc.). Il doit adapter en permanence production et consommation pour optimiser le système en continu. L'échange de données est le compagnon de route indispensable de l'échange d'électricité : qui a besoin d'électricité, qui en a trop, comment les besoins vont-ils évoluer en fonction de la météo à venir, etc. L'information est au cœur de l'organisation du réseau distribué.

Au total, nous comprenons bien que transition écologique et transition numérique ont beaucoup à apprendre l'une de l'autre, à construire ensemble. Probablement parce que l'ère numérique s'est construite dès le départ sur un modèle décentralisé, elle véhicule un modèle de développement plus à même de répondre aux enjeux d'un vivre ensemble durable. Quand les données sont plus décentralisées, plus proches de nous, nous économisons de l'énergie comme nous le prouvent les systèmes pair-à-pair. Nous allons aussi vers des modèles économiques plus durables, ainsi qu'en témoignent certaines approches comme celle des Pims, avec moins de puissance pour les grands groupes, plus d'*empowerment* des internautes. La décentralisation est une valeur commune aux deux transitions, numériques et écologiques.

# 15. Notre mémoire fout-elle le camp ?

Des données numériques sont au départ créées, modifiées, puis deviennent des documents immuables, pour terminer leur vie comme archives, sans parfois que nous ayons même conscience de ces transformations.

## Le meilleur de nos souvenirs

Nous gardons des pans de notre passé dans des albums photos ; nous tenons beaucoup à nos piles de vinyles, nos vieux rapports de stages, à ce paquet de lettres d'un ancien amour peut-être... Ces objets sont des traces de notre mémoire. Mais quand la mémoire devient numérique, qu'en est-il de sa préservation ?

Nos courriels d'échanges amoureux sont restés sur un compte devenu obsolète et leur copie a été oubliée lors d'un changement d'ordinateur. Nos rapports sont dans un vieux format et refusent de s'ouvrir. Nous avons changé de service de musique en ligne et découvert, à l'occasion, qu'il nous fallait reconstruire notre discothèque à partir de zéro. Nous entassons des masses de fichiers dans un grand désordre et à l'occasion d'une panne ou d'un changement d'ordinateur, de téléphone, de système de stockage, nous « oublions » des pans entiers de notre mémoire, peut-être irremplaçables.

Et si demain la technologie nous offrait le moyen de ne rien perdre ? Si les solutions de stockage et d'archivage étaient simples et automatiques ? Nous nous retrouverions rapidement devant une montagne d'informations. Comment pourrions-nous, par exemple, nous orienter dans les milliers de photos accumulées ? Tout perdre ou nous perdre dans le tout ? Est-ce l'alternative qui nous est offerte ?

Nous sommes bien dans le paradoxe. Quand l'information devient numérique, elle peut être reproduite à l'infini et acquiert potentiellement l'immortalité. Pourtant, nous rencontrons des difficultés pour préserver nos données à la seule échelle d'une vie.

La conservation de l'information est confrontée à un premier risque, celui de l'obsolescence très rapide des formats, des logiciels et des matériels informatiques. Un document dans un format obsolète peut être aussi incompréhensible pour un ordinateur qu'un texte en écriture hiéroglyphique égyptienne pour un locuteur occidental avant que Jean-François Champollion ne la déchiffre. Pour récupérer ce vieux fichier, il faut le traduire dans un format actuel. Une mémoire numérique doit donc être constamment actualisée. Évidemment, des systèmes informatiques devraient être capables de réaliser cette tâche pour nous. Nous touchons là un point récurrent dans la question de la préservation des informations numériques : nous ne devrions pas avoir à nous en préoccuper mais, pour l'heure, les systèmes susceptibles d'assumer ce travail ne sont pas au point.

La durée de vie des supports physiques de données numériques soulève un second problème. Un texte gravé dans la pierre est là pour une éternité. Le même texte sur une feuille de papier a une espérance de vie de plusieurs décennies, de siècles dans le meilleur des cas. Consigné en format numérique sur un disque magnétique, son espérance se réduit à quelques années. De nouveaux supports pour l'information numérique sont à l'étude. Mais en attendant ? Le sujet est particulièrement sensible quand il s'agit de documents administratifs ou à valeur juridique.

## Archives d'État et d'entreprises

Nous ne devons pas avoir honte de notre difficulté à gérer notre mémoire numérique personnelle. Nombre d'entreprises et d'administrations ne font pas mieux. Pourtant, la loi leur impose de préserver des données pendant de longues périodes de temps. Une entreprise est par exemple tenue de conserver des documents juridiques, des contrats, des comptes rendus de conseil d'administration, etc. Elle garde aussi souvent pendant des dizaines d'années des informations sur les personnes qu'elle a employées, leurs salaires, etc. Les administrations d'État sont tenues de garder les traces de l'activité politique, juridique, sociale et financière.

La solution ne peut évidemment plus être aujourd'hui d'imprimer tous les documents pour les stocker dans des boîtes Cauchard, ces fort belles boîtes de carton, très prisées aux Archives nationales. Non, l'archivage doit devenir numérique avec toutes les promesses d'économie, notamment d'espace physique, qu'accompagne une telle transformation. Des systèmes informatiques permettent un tel archivage numérique même s'ils peuvent être compliqués à utiliser et relativement coûteux.

La difficulté pour un tel système consiste à garantir qu'un contenu numérique restera disponible pendant des dizaines d'années, voire des siècles. Nous connaissons, dans un autre contexte, une technique qui fonctionne pour assurer la pérennité d'une information : la réplication. Ce qui garantit qu'un livre, par exemple, *La Confusion des sentiments* de Stefan Zweig, ne disparaîtra pas, c'est que de nombreuses bibliothèques en gardent au moins un exemplaire. Une ou plusieurs bibliothèques prennent feu, un gouvernement décide de brûler des centaines d'exemplaires d'un livre, le livre existe toujours dans une autre bibliothèque, dans un autre pays. Si la quasi-totalité des textes en écriture maya a disparu après l'autodafé de Diego de Landa, c'est parce que le nombre de copies était insuffisant, et que celles-ci n'étaient pas distribuées sur un territoire assez vaste.

Cette technique de la sauvegarde par la réplication fonctionne également bien pour les données numériques, en mobilisant plusieurs *data centers*. Et comme les supports physiques se détériorent avec le temps, ces copies doivent être rafraîchies régulièrement, recopiées sur des serveurs plus récents, et éventuellement transformées peut-être dans des formats plus actuels. Une archive numérique introduit de la redondance dans ses données pour garantir leur pérennité.

Une autre difficulté, à laquelle la conservation est confrontée, réside dans le choix et la sécurisation des métadonnées. Les métadonnées sont « des données à propos des données » ; elles décrivent la nature des informations, leur catégorisation, qui les a produites, quand, etc. Elles jouent donc un rôle crucial lorsqu'on veut retrouver et exploiter des informations archivées. Mais, comme toutes données, elles sont susceptibles de manipulation. Un grand classique du stalinisme était de réécrire l'histoire pour mieux coller à la thèse du pouvoir en retouchant par exemple les photos historiques. Les logiciels de traitement d'image facilitent grandement la réalisation de telles retouches ; plus besoin d'être un artiste du KGB. Pour éviter cela, les métadonnées peuvent inclure une signature numérique qui garantit l'authenticité des données qu'elles décrivent.

## Numérisons le passé

Le travail des historiens a été transformé par la numérisation. La numérisation des livres, archives, parchemins et autres documents qui constituent leur matériau de base, rend ceux-ci disponibles à tout moment et n'importe où. L'accès à notre héritage devient techniquement universel. Les États européens (en s'appuyant entre autres sur la Bibliothèque nationale de France et Gallica en France) numérisent de larges pans des contenus historiques et culturels pour en assurer la conservation, et les rendre largement accessibles. La bibliothèque numérique européenne Europeana, lancée en 2008, compte déjà en 2016 plus de 54 millions d'objets numériques – textes, images, vidéos. Avec de telles initiatives, nous pouvons imaginer que dans quelques dizaines d'années les historiens auront à leur disposition, en format numérique, toutes les informations dont ils ont besoin, passant d'une archive à une autre simplement en changeant de fenêtre sur leur écran. La recherche ne devra plus se heurter aux questions de distance et de coût : une professeure d'Abidjan devra pouvoir consulter des sources primaires d'une bibliothèque de Florence.

Bien sûr, le numérique ne remplace pas le contact physique avec les objets, ni la discussion inestimable avec la documentaliste ou l'archiviste. Mais il facilite grandement la recherche. Les documents peuvent être « océrisés ». C'est-à-dire que l'image du document est transformée par un logiciel d'OCR (pour *Optical Character Recognition*, « reconnaissance optique de caractères ») en un fichier texte qui peut alors être indexé. Cela ouvre d'innombrables possibilités : retrouver plus facilement les documents sur un certain sujet, trouver des correspondances entre auteurs ou comparer des styles d'écriture.

Effet secondaire, le document une fois numérisé acquiert une forme de pérennité. Le vieux grimoire, qui peut maintenant être consulté partout dans le monde, ne disparaîtra pas complètement si la bibliothèque brûle ; il ne se perdra pas à l'occasion d'un déménagement ; son encre ne s'effacera pas avant qu'on ne le consulte. Cette pérennité est théorique. Des efforts sont nécessaires pour la réaliser.

## Archiver le web et conserver les logiciels

À l'heure du numérique, les centres classiques de conservation de documents comme les Archives nationales, la BnF et l'INA (Institut national de l'audiovisuel) voient aussi leur fonctionnement bouleversé. Un de leurs rôles historiques consiste à accueillir le « dépôt légal », c'est-à-dire, en simplifiant, l'obligation pour les producteurs de contenus de déposer dans une institution un ou plusieurs exemplaires des documents qu'ils produisent. En France, ce système remonte à François Ier qui l'a mis en place en 1537, à l'époque bien évidemment pour le papier.

Que devient ce concept quand la majorité des contenus produits se trouve sur le web, média par nature éphémère ? Que seront devenues toutes les informations du web dans cinquante ans, quand des chercheurs voudront étudier le monde dans lequel nous vivons aujourd'hui ? La Bibliothèque nationale du Canada a été en 1994 une des pionnières de l'archivage du web. Puis, en 1996, la fondation Internet Archive a initié un archivage à l'échelle mondiale des pages du web. La BnF a rejoint le mouvement en 2006, se focalisant sur le « domaine français », un concept difficile à circonscrire ; il inclut les sites avec un URL en .fr, ou d'autres contenus « français » avec d'autres suffixes comme le .org, par exemple les pages web de l'association Vecam (vecam.org).

Le site archive.org permet de consulter la *Wayback Machine* – qu'on pourrait traduire par « Machine à remonter le temps ». Cet outil permet de remonter le temps du web, propose une balade rafraîchissante dans le passé : on peut suivre l'évolution des pages d'un même site web ; les premières versions sont délicieusement simples et surannées. La page d'Inria de 1997 peut constituer un bon point de départ.

Pour réaliser de telles archives, de grands programmes sont lancés. Des robots informatiques surfent sur le web et lisent puis reconstruisent sur le site d'archive des pages, des images, des vidéos, etc. C'est ce qu'on appelle les *crawls*. Mais le web est grand, même pour une armée de robots. Aussi est-il nécessaire de leur indiquer où aller. Typiquement, ils sont orientés vers les pages les plus populaires, peut-être les plus pertinentes par rapport à un sujet particulier, comme les élections ou un artiste célèbre. Et puis il faut toujours remettre son ouvrage sur le métier, ces *crawls* recommencent sans cesse leurs opérations parce que le web change, de nouvelles pages apparaissent, d'autres évoluent.

Prenons la mesure du gigantisme de la tâche. En seulement quatre ans, de 2006 à 2010, et pour le seul site de twitter.com, la Librairie du Congrès, aux États-Unis, a récupéré 170 milliards de tweets. La taille de ces données : 133.2 téraoctets ! Et encore, à cette époque, Twitter n'avait pas d'images ! Seule une petite partie du web est archivée aujourd'hui, à la fois par impossibilité matérielle de tout collecter, mais aussi parce qu'un volume de données considérable se cache, par exemple, derrière des formulaires à remplir manuellement. Ces données sont donc hors de portée (simplement) des robots surfeurs du web et nécessitent des accords particuliers avec leurs producteurs pour en obtenir l'accès.

Les données ne sont pas les seules à avoir besoin d'être archivées. Les algorithmes, les programmes sont des constructions humaines parfois très complexes, de valeur inestimable. Ils font partie de notre mémoire collective, de notre patrimoine. La question de leur préservation est donc tout aussi essentielle.

La prise de conscience de l'importance de préserver de manière générale le patrimoine logiciel est récente. Par exemple, le projet Software Heritage (« Patrimoine Logiciel ») a démarré en 2015 sous les auspices d'Inria. Son objectif est de collecter, de conserver et de partager des codes logiciels pour construire une archive universelle. Il inclut déjà des milliards de fichiers.

## Nous retrouver dans le tout

Nous avons souligné les difficultés rencontrées pour la conservation et l'archivage de données numériques. Nous avons aussi insisté sur le fait que ces difficultés n'étaient que temporaires, que bientôt des solutions logicielles et matérielles seront à notre disposition. Restera pourtant un problème qui n'est pas près de disparaître, celui de l'abondance.

À l'époque où prendre une photo coûtait plusieurs francs, les gens ne prenaient que quelques dizaines de photos par an, et même s'ils les conservaient toutes, cela représentait un nombre raisonnable. À l'heure actuelle, 95 millions de photos et vidéos sont postées chaque jour sur Instagram (chiffres 2016). Il n'est pas rare qu'une personne prenne plusieurs centaines de photos chaque année. Le visionnage de ses photos dans vingt ans lui demandera un temps considérable, un temps qu'elle ne sera probablement pas prête à accorder !

De manière générale, nous ne pouvons conserver toutes les données personnelles et les contenus autoproduits dont nous disposons, au risque de nous noyer dans cet océan mémoriel. Les entreprises et les gouvernements ont de tout temps choisi ce qu'ils voulaient garder parce que certains documents sont stratégiques et que l'archivage coûte cher. L'archivage sera sans doute de moins en moins coûteux « au kilooctet » mais les volumes de données produits explosent. Nous serons contraints d'effectuer des choix personnels et collectifs pour ne pas être ensevelis sous des masses d'archives.

Il est important de saisir que la masse ici n'est pas physique. Avec la miniaturisation des moyens de stockage, même si nous décidions de ne rien jeter, notre vie numérique ne pèserait pas bien lourd. Cependant, la moindre requête nous conduirait à visualiser des pages et des pages d'écrans d'information redondante et sans intérêt. Cela imposerait le recours à un système de qualification de l'information de type « indispensable, peut-être utile, probablement poubelle », etc.

Avec le numérique, nous sommes passés d'une culture de relative rareté de l'information à une culture de surabondance. La baisse du coût des machines et surtout du stockage nous a donné l'illusion qu'il était possible de tout conserver. Il nous a fallu déchanter. L'hypermnésie rend paradoxalement les données inaccessibles. Le déluge informationnel nous impose de choisir ce que nous voulons conserver, comment le classer, et de lui ajouter des métadonnées qui redonneront le contexte. Nous voici devenus bien petits devant des montagnes de données.

À partir du moment où nous en avons conscience, toutes ces difficultés sont dépassables. Avec l'aide des algorithmes, nous pouvons apprendre à devenir les archivistes du monde de nos données. Un apprentissage parmi bien d'autres dans une société numérique. Un savoir pour profiter au mieux de cette mémoire augmentée et inédite dans l'histoire de l'humanité.

# Ouverture : à l'école des données

Le lecteur aura compris au terme de cette balade en Terra Data que nous sommes mariés aux données numériques pour le meilleur et pour le pire. Elles sont dans nos cités, dans nos sciences, dans nos intimités… Partout, elles font entendre leur musique qui transforme notre monde. Tout comme il nous a fallu au XIX$^{e}$ siècle apprendre à vivre dans un monde industriel, il nous faut aujourd'hui apprendre à vivre dans un univers d'algorithmes, d'ordinateurs, de données et de réseaux numériques.

Vivre, ce n'est pas seulement s'adapter, ce n'est pas subir. Vivre, dans un monde numérique, c'est maîtriser, embrasser ces nouveaux outils, ces nouveaux usages, pour nourrir notre autonomie, notre créativité, pour enrichir nos savoirs, notre réflexion. Vivre, c'est inventer de nouvelles manières de vivre ensemble, plus douces, solidaires, plus protectrices de chacun et de la planète qui nous héberge.

Les données numériques sont déjà le quotidien des scientifiques, des ingénieurs. Nous devons *tous* acquérir une culture de ces données. Nous devons nous mettre en capacité de les comprendre, de les partager, éventuellement de les contester, mais aussi de les protéger ou encore de les enrichir, de les mettre au service d'un projet individuel ou collectif.

Cet apprentissage s'inscrit dans la « littératie numérique », un bouquet de savoirs, de compétences et de méthodes qui rendent chaque individu acteur de sa propre vie, et citoyen à part entière d'une société numérique.

Serge & Valérie,
Paris, le 1er janvier 2017

# Bibliographie

## Ouvrages

Serge Abiteboul, *Sciences des données : de la logique du premier ordre à la Toile*, Paris, Fayard, 2013.

Serge Abiteboul, Gilles Dowek, *Le Temps des algorithmes*, Paris, Le Pommier, 2017.

Valérie-Laure Benabou, Judith Rochfeld, *À qui profite le clic ? Le partage de la valeur à l'ère numérique*, Paris, Odile Jacob, 2015.

Jean-Samuel Beuscart, Éric Dagiral, Sylvain Parisie, *Sociologie d'Internet*, Paris, Armand Colin, 2016.

Simon Chignard, *Open data, comprendre l'ouverture des données publiques*, Limoges, FYP éditions, 2012.

Dominique Cardon, *À quoi rêvent les algorithmes ? Nos vies à l'heure des big data*, Paris, Seuil, 2015.

Xavier Delaporte, *La Tête dans la Toile*, Caen, C&F éditions, 2016.

Gilles Dowek, *Les Métamorphoses du calcul. Une étonnante histoire de mathématiques*, Paris, Le Pommier, 2007.

Jean-Marc Manach, *La Vie privée, un problème de vieux cons ?*, Limoges, FYP éditions, 2010.

Tristan Nitot, *Surveillance://*, Caen, C&F éditions, 2016.

Valérie Peugeot, « Collaborative ou intelligente ? La ville entre deux imaginaires », in *Devenirs urbains*, Maryse Carmes, Jean-Max Noyer (dir.), Paris, Presses des Mines, 2014.

Fabrice Rochelandet, *Économie des données personnelles et de la vie privée*, Paris, La Découverte, 2010.

## Ressources en ligne : rapports, articles et vidéos

« Les Entretiens autour de l'informatique », Blog *Binaire*, sur *LeMonde.fr* : http ://binaire.blog.lemonde.fr/les-entretiens-de-la-sif/

Jeannette M. Wing, « Computational thinking », *Communications of the ACM*, 49 (3) : 33, 2006.

Serge Abiteboul, Benjamin André, Daniel Kaplan, « Managing your digital life », *Communications of the ACM*, 2015.

Serge Abiteboul, Julia Stoyanovich, « Data responsibly » : https://hal.inria.fr/hal-01290695/file/16.DataResponsibly.pdf

Hervé Le Crosnier, « Cours de Culture numérique », Centre d'Enseignement Multimédia Universitaire (C.E.M.U.), Université de Caen Normandie : https://www.canal-u.tv/producteurs/centre_d_enseignement_multimedia_universitaire_c_e_m_u/culture_numerique

Digital Society Forum, nouvelles citoyennetés à l'heure du numérique : http://digital-society-forum.orange.com/fr/les-forums/97-forum-internet_et_citoyennete

**Conseil national du numérique (rapports) :**

*Citoyens d'une société numérique. Accès, Littératie, Médiations, Pouvoir d'agir : pour une nouvelle politique d'inclusion*, 2013 (https://cnnumerique.fr/inclusion/).

*Jules Ferry 3.0. Bâtir une école créative et juste dans un monde numérique*, 2014 (https://cnnumerique.fr/education-2/).

*Ambition numérique. Pour une politique française et européenne de la transition numérique*, 2015 (https://cnnumerique.fr/wp-content/uploads/2015/04/2306_Rapport-CNNum-Ambition-numerique_sircom_print.pdf)

Dans la même collection

1. **Qu'est-ce que l'humain ?**

Pascal Picq, Michel Serres et Jean-Didier Vincent

2. **Qu'est-ce que mourir ?**

Jean-Claude Ameisen, Danièle Hervieu-Léger et Emmanuel Hirsch

3. **Hommes, femmes, la construction de la différence**

Francoise Héritier (dir.)

4. **Les Origines du langage**

Jean-Louis Dessalles, Pascal Picq et Bernard Victorri

5. **Vers une énergie durable ?**

Daniel Clément et Pierre Papon

6. **Évolution, extinction : le message des grenouilles**

Alain Dubois et Annemarie Ohler

**7. Plaidoyer pour réconcilier les sciences et la culture**

Claudie Haigneré (dir.)

**8. La Face cachée des émotions**

Sylvie Berthoz et Silvia Krauth-Gruber

**9. Vie et Mort de la population mondiale**

Hervé Le Bras

**10. Les Débuts de l'élevage**

Jean-Denis Vigne

**11. Les Origines de l'écriture**

Viviane Alleton, Jaroslaw Maniaczyk, Roland Schaer et Pascal Vernus

**12. Les Premières Sépultures**

Bruno Maureille

**13. Les Premiers Outils**

Pascal Picq et Hélène Roche

**14. La Révolution néolithique**

Jean-Paul Demoule

**15. L'Âge d'or des sciences arabes**

Ahmed Djebbar

**16. Les Mécanismes du sommeil**

Sylvie Royant-Parola (dir.), Joëlle Adrien et Claude Gronfier

**17. LHC : le boson de Higgs**

Michel Davier

**18. Qu'est-ce que la matière ?**

François Balibar, Jean-Marc Lévy-Leblond
et Roland Lehoucq

**19. Les Frontières de l'humain**

Henri Atlan et Frans B. M. de Waal

**20. Pourquoi notre mémoire est-elle si fragile ?**

Francis Eustache

**21. Les Origines de la culture**

Roland Schaer

IMPRIM'VERT®

Imprimé en France
par la Nouvelle Imprimerie LABALLERY à Clamecy
N° d'imprimeur : 705237 - Dépôt légal : mars 2017
N° d'édition : 74651241-02/Juin 2017